2010

国务院发展研究中心研究丛书

DEVELOPMENT RESEARCH CENTER
OF THE STATE COUNCIL

转变经济发展方式的战略重点

KEY AREAS FOR TRANSFORMING
THE MODE OF DEVELOPMENT

国务院发展研究中心课题组 著

中国发展出版社

封面设计：**耀午书装**

图书在版编目（CIP）数据

转变经济发展方式的战略重点/国务院发展研究中心
课题组著. —北京：中国发展出版社，2010.7
ISBN 978 – 7 – 80234 – 563 – 8

Ⅰ. 转…　Ⅱ. 国…　Ⅲ. 经济发展战略—研究—中国
Ⅳ. F120.4

中国版本图书馆 CIP 数据核字（2010）第 134134 号

书　　　　名：转变经济发展方式的战略重点
著作责任者：国务院发展研究中心课题组
出 版 发 行：中国发展出版社
　　　　　　（北京市西城区百万庄大街 16 号 8 层　100037）
标 准 书 号：ISBN 978 – 7 – 80234 – 563 – 8
经 销 者：各地新华书店
印 刷 者：北京科信印刷厂
开　　　本：700×1000mm　1/16
印　　　张：13.25
字　　　数：180 千字
版　　　次：2010 年 7 月第 1 版
印　　　次：2010 年 7 月第 1 次印刷
定　　　价：30.00 元

咨 询 电 话：(010) 68990692　68990622
购 书 热 线：(010) 68990682　68990686
网　　　址：http：//www.develpress.com.cn
电 子 邮 件：fazhan@ drc.gov.cn

国务院发展研究中心研究丛书
编委会名单

主　　编：张玉台

副　主　编：刘世锦　　侯云春　　卢中原

编委会成员：（按姓氏笔画为序）

课 题 组 成 员

总 负 责 人： 张玉台

执行负责人： 刘世锦

协 调 人： 张军扩　　侯永志　　刘培林

其 他 成 员： 杨建龙　　贡　森　　张文魁　　吴振宇

张永生　　陈昌盛　　刘培林　　王金照

马名杰　　许召元　　王列军

总 报 告： 负责人：刘世锦　　张军扩

执笔人：张军扩　　侯永志

专 题 一： 负责人：贡　森

执笔人：贡　森　　张文魁　　陈昌盛

专 题 二： 负责人：张军扩

执笔人：陈昌盛　　许召元　　刘培林

专 题 三： 负责人：杨建龙

执笔人：杨建龙　　马名杰　　王金照

专 题 四： 负责人：张永生

执笔人：张永生

前 言

　　过去 30 年来，我国通过改革开放，充分调动各方面积极性，经济和社会发展都取得了巨大的成就。但随着我国发展阶段的提升、经济规模的扩大及所面临的国内外条件的变化，传统发展方式所存在的矛盾和问题越来越突出，不仅严重制约了国民经济的持续稳定发展，对社会的和谐稳定也产生了不利影响。这次国际金融危机的爆发和蔓延，更加暴露了我国现行发展方式的缺陷及其对我国经济持续稳定增长能力的影响，凸显了转变发展方式的必要性、重要性和迫切性。可以毫不夸张地说，不能实现发展方式的真正转变，就不可能真正实现经济的长期持续稳定增长。

　　转变发展方式的问题已提出多年，虽然取得了一定的成效（比如，我国能耗强度、排放强度等都呈现下降趋势），但总体来讲进展不如人意，与贯彻落实科学发展观的要求相比，还存在较大的差距。究其原因，最根本的还是一些深层次的体制性因素的影响。包括价格体制、财税体制、监管体制、行政管理体制、所有制及企业制度、收入分配体制以及社会保障体制等。体制性问题不解决，转变发展方式的努力只能是事倍功半。但从近年来的实践经验看，这些体制性因素又大多与我国的特殊国情、历史背景、竞争战略等相联系，涉及复杂的利益关系和利弊权衡，因而解决起来绝非易事。这就迫切需要我们从更长期和更宏观的要求出发，对我国发展方式面临的问题、挑战及其根源进行系统分析和梳理，以明确新时期促进转变发展方式的目标、原则和途径，找出转变发展方式需要抓住的战略重点，以及需要重点推进的相关改革和制度建设，为各地区、各部门贯彻落实科学发展观、促进发展方式转变提供决策参考。

为此，国务院发展研究中心将"新形势下我国经济发展方式转变的战略重点"作为 2009 年度中心重大研究课题，在中心领导的亲自主持下，组织跨部门研究。本课题由国务院发展研究中心张玉台主任任总负责人，国务院发展研究中心刘世锦副主任任执行负责人，发展部、社会部、产业部、宏观部、技经部、企业所等部门的十多位同志参加研究。课题总体框架、基本思路和各章节主要内容等，是在课题组多次讨论的基础上形成的。各部分负责人及执笔者，在课题总负责人和执行负责人的指导下，按照课题总体要求进行专项研究，形成具体的研究结论和相关建议。

转变经济发展方式、保持发展过程的连续性，可以说是所有国家工业化、现代化过程中都必然会遇到的问题。它不仅涉及面广，而且问题复杂，作为年度研究项目，我们并不追求面面俱到，而是希望在对我国现阶段发展方式面临的主要矛盾及其深层体制性原因的分析上有所深化，有所前进，并在促进发展方式转变方面，结合我国当前实际提出有针对性的建议。

课题组

2010 年 6 月

目　录

Contents

着力解决深层矛盾，推动发展方式实质性转变

一、我国发展方式面临的突出问题及其影响

从保持经济社会持续平稳较快发展的角度看，我国现行发展方式主要面临五个方面的突出问题或矛盾，即：（1）内外部经济不协调。（2）储蓄与消费关系不协调。（3）传统竞争优势减弱的同时，技术进步推力不足。（4）资源环境压力持续增大。（5）经济发展与社会发展不协调。

（一）内外部经济不协调

改革开放以来，我国一改在封闭条件下推进现代化建设的做法，充分发挥自身的比较优势和竞争优势，积极引进国外资金、技术和其他要素，大力开拓国际市场，有力地促进了我国经济增长。特别是近些年来，我们紧紧抓住上一轮世界经济上升周期和我国加入世贸组织的机遇，积极利用外部需求加快发展，大幅度提升了我国经济实力。事实充分说明，这一战略不仅符合世界潮流，也符合我国国情，不仅不应当改变，而且应当长期坚持。

但另一方面，也要看到，随着国内外形势的发展变化，我国经

济内外不协调的问题也越来越明显，突出表现在贸易顺差持续大幅度增长和外汇储备规模不断扩大上。比如，从 2003～2008 年，我国货物进出口顺差从 254.7 亿美元一路上涨到 2955 亿美元，而国家外汇储备也从 4032.5 亿美元增加到将近 20000 亿美元。这种情况不仅不利于对外开放战略的长期有效实施，对我国国内的发展也会产生多方面的不利影响：一是容易引起国际贸易纠纷和遭受贸易保护主义的冲击；二是发展成果的共享性较差，资源也未能得到充分利用；三是对我国宏观经济政策的实施形成制约，是造成流动性过剩的重要原因；四是对国内产业升级也有一定程度的不利影响。

随着国际金融经济危机的爆发和蔓延，情况又出现了一些新的变化。短期来看，金融危机使得西方主要经济体出现衰退甚至萧条，市场需求大幅度收缩，导致我国出口增速下滑，出口导向型企业和地区受到很大冲击。中长期看，在遭受金融危机的打击之后，美国有可能对其过度消费的增长模式做出调整，从而使我国出口产品的供求关系发生重要变化。此外，在经济危机不断加深的背景下，国际贸易保护主义抬头，也使我国出口面临的困难加大。

因此，不论从短期应对危机的角度看，还是从中长期保持经济持续平稳增长的要求来看，都需要逐步改变贸易顺差过大、外汇储备积累过多的状况，逐步实现内外经济的基本平衡。

导致我国内外经济不协调、贸易顺差过大的原因是多方面的，既有内部的，也有外部的；既有正常的、合理的因素，也有不正常、不合理的因素。需要仔细分析，找出病根，才能对症下药。正常的、合理的因素是，在当今世界经济格局中，我国具有要素组合条件较好的优势，因而我国产品在国际市场上具有较强的竞争力。不正常、不合理的因素包括一些国家对向我国出口高科技产品的限制等，但最重要的是，由于我国一些体制和政策的影响，使得我国的竞争优势带有一些虚高的成分，导致了出口的不合理增长和贸易顺差的不合理扩大。换句话说，如果能够通过体制和政策调整，消除我国出口产品竞争力中的虚高部分，使得竞争力回归其本来状态，那么贸易不平衡的问题就可以得到部分缓解。从德国的经验来看，即使一国的贸易顺差较大，如果能够通过对外投资或购买国外有价值的资产、资源，将贸易盈余加以有效使用，也可以有效减弱贸易不平衡对经济的负面影响。显然，在巨大的外汇资金的合理使用方面，我们也存在较大的差距，需要做出较大的努力。

（二）消费与储蓄关系失调

那么，为什么我国形成的有竞争力的生产能力必须通过出口加以消化呢？是不是国内没有对这些生产能力的需求呢？显然不是。国内需求潜力是巨大的，但由于多种因素的制约却难以充分释放出来。

长期以来，由于文化传统和发展阶段等因素的影响，我国消费率（总消费占 GDP 的比重）相对较低，储蓄率（1 - 消费率）相对较高。但进入新世纪以来，我国消费和储蓄比例关系的变化，明显超出了用文化传统和发展阶段因素所能够解释的范围。比如，根据《中国统计年鉴》中的"资金流量表"所提供的数据，从 2000~2007 年，我国总储蓄率（国内总储蓄占增加值总额的比重）由 35.1% 上升到 51.8%（参见表 1），上升了 16.7 个百分点。而从 1978~2000 年的 20 多年间，除个别年份略高于 40% 以外，我国国民总储蓄率绝大多数年份都保持在35%~40% 之间。从横向比较看，我国的总储蓄率也远高于下中等收入国家的平均水平。比如，根据世界银行数据，2005 年，我国国内总储蓄率为 49%，而同年下中等收入国家平均水平只有 33.7%，前者比后者高出 15.3 个百分点。

分析 21 世纪以来我国国内总储蓄率上升的结构，一个显著特点是，从 2000~2007 年，企业部门、政府部门和住户部门的储蓄额占全国增加值总额的比重都上升了（如表 1 和图 1 所示），分别上升了 4.5、5 和7.1 个百分点。

表1		企业、政府及住户储蓄占全国增加值额的比重		单位：%
年　份	企业部门	政府部门	住户部门	三者之和
2000	14.3	5.8	15.1	35.1
2001	15.0	7.5	16.0	38.5
2002	14.3	7.2	18.6	40.1
2003	15.6	9.4	18.2	43.2
2004	22.0	6.1	18.5	46.6
2005	20.4	6.4	21.5	48.2
2006	18.8	8.9	21.7	49.5
2007	18.8	10.8	22.2	51.8

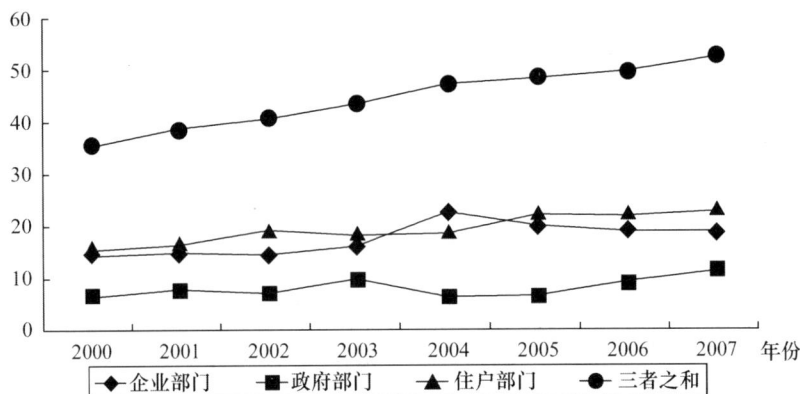

图1　总储蓄率及各部门贡献率的变化趋势

储蓄额的变动由收入变动和储蓄率变动两个因素决定。从这两个方面分析，导致企业部门、政府部门和住户部门的储蓄额占全国增加值总额比重上升的具体情况是各不相同的（如表2、表3、表4，图2、图3、图4所示）。企业部门储蓄的变动主要是收入份额上升的结果（由于企业的全部收入用于投资，归入储蓄，因而不存在储蓄或消费倾向问题），比如，从2000～2007年，企业部门收入在初次分配总收入中的比重从18.9%上升到22.6%，上升3.7个百分点；在可支配总收入中的比重从15.6%上升到18.4%，上升2.8个百分点。政府部门储蓄份额的上升是收入份额增加和储蓄率上升两个因素共同作用的结果。比如，

表2　　　　　企业、政府及住户在初次分配总收入中所占的比重　　　单位:%

年　份	企业部门	政府部门	住户部门
2000	18.9	16.7	64.4
2001	18.1	18.4	63.5
2002	17.2	17.5	65.3
2003	18.8	18.0	63.2
2004	24.5	17.8	57.7
2005	22.9	17.5	59.6
2006	22.4	18.6	59.0
2007	22.6	19.5	57.9

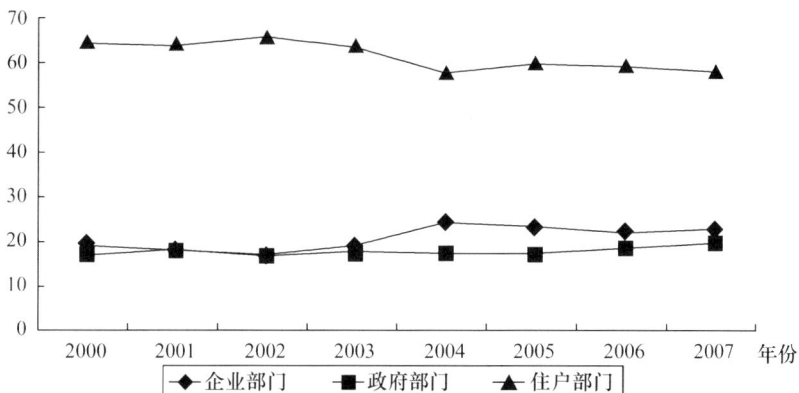

图2　企业、政府及住户在初次分配总收入中所占的比重

表3　　　　　企业、政府及住户在可支配总收入中所占的比重　　　单位:%

年　份	企业部门	政府部门	住户部门
2000	15.6	19.5	64.9
2001	15.1	21.1	63.8
2002	14.3	20.5	65.2
2003	15.5	21.8	62.7
2004	21.8	20.4	57.8
2005	20.0	20.5	59.5
2006	18.5	22.8	58.7
2007	18.4	24.1	57.5

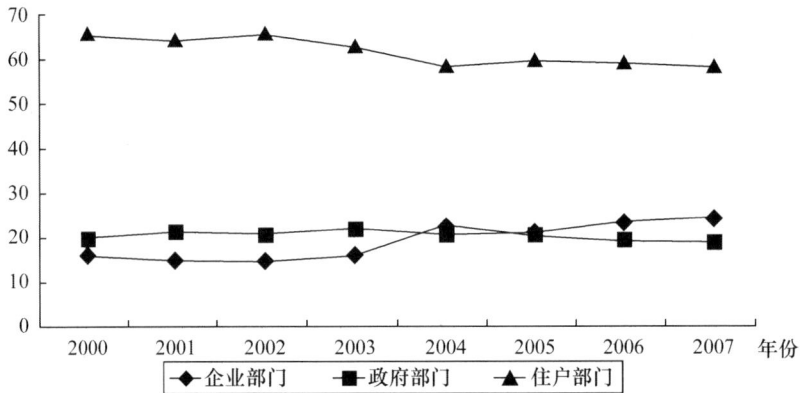

图3　企业、政府及住户在可支配总收入中所占的比重

表4　　　　　企业、政府及住户储蓄占可支配收入比重（储蓄倾向）　　　单位:%

年　份	企业部门	政府部门	住户部门
2000	100	32.5	25.5
2001	100	35.9	25.4
2002	100	35.3	28.6
2003	100	42.7	28.9
2004	100	29.5	31.6
2005	100	30.4	35.6
2006	100	38.6	36.4
2007	100	44.2	37.9

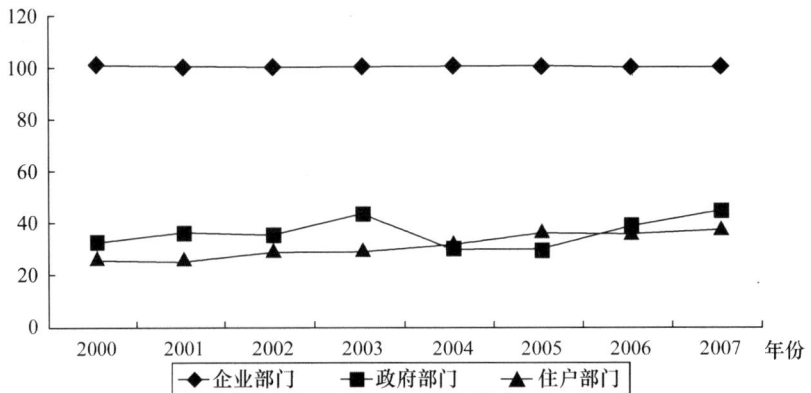

图4　企业、政府及住户储蓄占可支配收入比重（储蓄倾向）

从 2000 ~ 2007 年，政府部门的收入在初次分配总收入中的比重由 16.7%
上升到 19.5%，上升 2.8 个百分点；在可支配总收入中的比重由 19.5%
上升到 24.1%，上升了 4.6 个百分点。同时，政府部门储蓄额占其可支
配收入的比重（储蓄倾向），则由 32.5% 上升到 44.2%，上升了 11.7 个
百分点。政府储蓄倾向上升，表示政府支出中用于投资的比重增加。而
住户部门储蓄额占增加值总额比重的增加，则是在其收入占比不断下降
的情况下发生的。这就是说，由于居民储蓄倾向上升所导致的储蓄额增
加，远远大于由于居民收入比重降低所导致的储蓄额减少。比如，从
2000 ~ 2007 年，住户部门收入在初次分配总收入中的比重由 64.4% 下降
为 57.9%，下降了 6.5 个百分点；在可支配总收入中的比重由 64.9% 下
降为 57.5%，下降 7.4 个百分点。与此同时，住户部门的储蓄倾向（储
蓄额占可支配收入额）则由 25.5% 上升至 37.9%，上升了 12.4 个百分点。

住户部门储蓄倾向提高、消费倾向下降，有一部分是正常的，这就
是由于近年来居民购房支出在总支出中比重的集中和快速增长①。根据
我们的分析，这部分原因大体能够解释住户部门储蓄比重上升的一半，
即上述 5 个百分点中的 2 ~ 3 个百分点。住户部门储蓄比重上升的另一
方面的原因可能主要在于在社会保障和基本公共服务供给不足情况下居
民自保意识的增强，这是需要努力改进的地方。

（三）传统竞争优势减弱的同时，技术进步推力不足

改革开放以来，我国之所以能够成为全球化的受益者，一个重要的
因素，就是我国产品在国际市场上具有低成本的优势。而随着我国发展

---

① 在我国目前的统计体系中，居民购买住房的花费不算消费，而列在固定资产形成项下。
对于租房居住的人来说，其住房消费支出则由房屋租金直接推算而来；对于拥有自己住房的人来
说，其住房消费支出则根据房屋的虚拟租金推算而来。从理论上说，后者的购房支出等于房屋寿
命存续期各年度虚拟租金之和。这便产生了这样一种结果：由于中国居民购买住房发生在上世纪
末住房制度改革之后，居民购买住房又集中在近些年，尚未达到一种动态均衡状态，从分年度情
况来看，居民购买住房的总支出必然远远大于房屋的虚拟房租总和，在统计上必然表现为住房领
域所形成的固定资产大于本领域的消费支出。

阶段、发展理念和发展政策的变化，这种低成本优势的基础正在发生变化，这突出表现在三个方面。一是随着我国经济发展阶段的提升和农村剩余劳动力由过去的几乎无限供给向有限剩余的转变，低成本劳动力优势已经开始逐步减弱。二是随着我国资源价格改革的不断深入和环保力度的不断加大，资源环境的低成本优势也在逐步减弱。三是随着我国发展水平的不断提升，我国模仿、学习、借鉴国外先进技术和经验的空间越来越小，由后发国家地位所决定的低成本适用技术优势也在逐步减弱。

在这种情况下，要想保持经济持续增长的动力，并成功应对资源环境方面的严峻挑战，最关键的就是要加快创新型国家建设的步伐，通过增强创新能力，使技术进步在劳动生产率提高和经济增长中逐步发挥主导作用，实现竞争优势的转换和升级。

新中国成立以来特别是改革开放 30 年以来，客观地说，我国在推进技术进步、促进经济发展方面成就斐然。我国不仅在科技创新方面硕果累累，更通过体制改革和管理创新等，提高经济效率，使得技术进步在经济增长中发挥了越来越重要的作用。但总体来说，我国经济仍属于粗放增长方式，技术进步及其对经济增长的贡献还不能适应经济社会发展的需要。突出表现在两点：一是技术进步与我国经济规模上的大国地位不甚相称。我国虽然已经是制造业大国，但还不是制造业强国。拥有自主知识产权的核心技术和在国际市场上叫得响的自主品牌不多。二是在创新能力和资源利用效率等方面，与发达国家存在明显差距，与我国面临的资源环境挑战和走新型工业化道路的要求不相适应。目前，我国每万人中的研发人员数不到发达国家平均水平的 1/4，单位国内生产总值能耗高出发达国家平均水平的 1 倍左右。技术进步对经济增长贡献不足、增长方式转变迟缓，原因是多方面的。既有客观的发展阶段和国情特点方面的原因，也有体制和政策方面的因素。

（四）资源环境压力持续增大

当前，随着我国经济的快速增长和经济规模的不断扩大，我国面临的资源压力在不断增大。在能源和其他资源约束加强的同时，水资源不足的约束更具挑战性。据有关数据显示，目前在全国 600 多个城市中，有 400 多个城市缺水，其中 110 个严重缺水。特别是在我国北方地区，水资源不足的矛盾突出，而且在可预见的较长时间内难以缓解。

与此同时，我国的环境和生态问题也已十分突出。根据国家环保部的报告，由于粗放发展方式迟迟未能改变，致使目前我国主要污染物排放量大大超过环境承载能力。流经城市的河流普遍受到污染，酸雨污染和土壤面源污染扩大，近岸海域污染加剧。对 500 多个城市的调查表明，一半以上空气质量达不到国家标准。水土流失面积不断扩大，沙漠化、石漠化、草原退化加剧，生物多样性减少，生态系统功能退化。通过国际比较，也可以看出我国生态环境之不能令人乐观。为评价各国的环境和生态状况，达沃斯世界经济论坛等四家国际及学术机构联合开发了"环境绩效指数"（EPI）。根据其 2008 年发布的报告，我国在报告所列出的 149 个国家（和地区）中排在第 105 位，而排位在前 50 名之内的大多数是发达国家。大量的污染必然带来生态环境的破坏和自然灾害增多，导致社会财富的减少，降低人们的生活质量，影响人的全面发展，与全面建设小康社会的目标相背离。

在传统的资源环境问题不断加大的同时，应对气候变化、减少温室气体排放的新压力也在不断增大。减排的本质是给全球的增长附加一个新的约束条件，要求降低碳排放强度，提高单位碳排放的产出。显然，这种约束对于我国的现代化将产生重要影响。虽然目前我国人均历史累积碳排放水平仍然很低，但年排放总量已居世界前列。而且，由发展阶段所决定，我国的经济结构和能源结构还不可避免地具有高碳排放的特征，使得我们面临的减排压力和难度异乎寻常。我们既要在国际谈判中积极争取我国应有的权益和发展空间，又要努力转变经济发展方式，走新型工业化、现代化道路，实现可持续发展。

资源环境压力的不断加大，既与我国的发展阶段和所处的国内国际背景有关，也与长期以来粗放的增长方式没有能够切实转变有关。我国的人口规模比世界上现有的 56 个高收入国家的全部人口之和还要多出 3 亿多。如此规模的人口进行现代化，相当于把过去一两百年来世界范围的现代化历程在中国重演一次，而我们既不具备他们早期发展所具有的相对宽松的国内资源条件和环境容量，也不可能像他们那样通过开拓殖民地掠夺现代化所需要的资源。另一方面，我国的现代化正赶上世界范围新一轮的工业化、城市化浪潮，印度等一批发展中国家的工业化、城市化进程逐步加快，使我们面对的资源环境挑战更为严峻。仅"金砖四国"的其他三个国家，印度、巴西和俄罗斯的人口加起来，就有 14.24 亿之多，加上我国和其他新兴工业化国家的人口，新一轮现代化浪潮涉及的人口占世界人口总数的一半以上。我国现代化面临的资源环境压力之大可想而知。

（五）经济发展与社会发展不协调

这突出表现在两个方面：一是经济发展不平衡，收入差距较大；二是基本保障和公共服务发展不足。

改革开放以来，我们纠正过去平均主义和大锅饭的错误做法，实行"允许和鼓励一部分人、一部分地区通过诚实劳动和合法经营先富起来"的方针，极大地调动了社会各方面创造财富的积极性，推动了我国社会由温饱不足走上总体小康，并向全面小康迈进。实践证明，这样做不仅符合建设社会主义市场经济体制的大方向，也符合我国国情，有利于促进生产力发展。

另一方面，也要看到，随着我国总体发展水平的不断提升，城乡之间、区域之间发展不平衡和社会不同阶层之间收入差距较大的问题也越来越凸显出来。比如，1978～2009 年，城镇居民人均可支配收入与农村居民人均纯收入之比由 2.57 上升到 3.33。1978～2007 年，反映省际人均 GDP 差异水平的基尼系数由 0.328 扩大到 0.345；反映居民收入分配状况的基尼系数由 0.230（1980 年）扩大到 0.458[1]。根据世界银行

---

① 这里的基尼系数为国家统计局计算的结果。

数据，目前我国已成为世界上收入差距最大的国家之一，2004 年我国基尼系数为 0.47，仅比巴西（0.57，2005 年）、阿根廷（0.51，2004年）等少数几个国家低。

不论从国际经验还是理论分析来看，工业化、现代化过程中发展和收入差距的扩大具有一定的必然性，因为市场经济运行的一个基本规律就是要素和经济活动向优势区域和优势人群集中。但是，国际经验也说明，一国的体制和政策对于其发展和收入分配的平衡状况具有重要的影响[①]。在同一个发展水平上，不同的国家有不同的甚至是明显不同的收入差距水平；一些发达国家在收入差距呈现缩小趋势后又开始扩大。另外，判断收入差距是否到了警戒水平，不能仅看依据统计数据计算的结果，还要看社会调查得出的结果和社会舆情的变化。从我国的实际情况看，发展差距和收入差距的扩大既不利于发展成果全民共享这一目标的实现，也不利于国民经济的良性循环和持续平稳增长。特别是，由于导致这种不平衡的原因除了客观因素外，往往也有体制和政策方面的原因，因此往往造成社会利益关系的失衡，不利于社会的和谐稳定。

如果说发展和收入差距的扩大带有一定的必然性的话，那么通过政府的作用建立和完善面向全民的、均等化的基本保障制度和基本公共服务体系，不仅是各国发展过程中缩小收入差距的普遍做法，也是减小收入差距扩大负面影响的有效手段。国际经验还表明，由政府以公共产品的形式向居民提供基本公共服务，不仅有利于缩小收入差距，增进社会公平、公正，维护社会稳定；也有利于减轻居民后顾之忧，使居民把原本用于养老、看病、子女教育等的储蓄转化为消费，从而扩大总的消费

[①]　例如，有人依据库兹涅茨的实证研究，认为在发展的较低阶段收入差距的扩大是一种规律性现象。事实上，例外的现象并不少。如：在许多东亚国家战后早期的增长中，不平等程度一直比较低，而在它们后来的经济发展中，其不平等程度却排在最高国家之列。美国是世界上少有的几个最发达的国家之一，其收入平等程度却高于许多发展中国家。还有一个值得注意的现象，就是第二次世界大战以后到 20 世纪 70 年代，主要发达国家的收入差距呈现缩小之势；而从 20 世纪 80 年代开始，伴随着里根和撒切尔夫人经济政策取得主流地位，主要发达国家的收入不平等程度都有不同程度的提高。

规模；还有利于改善国民健康状况，提高教育水平和文化素质，积累人力资本，提升国家的竞争力和持续发展的能力。基本公共服务发展相对滞后，是我国经济社会发展中存在的一个突出问题，今后需要下大力气加以解决。

转变发展方式可以说是现代化进入一定阶段后各国普遍面临的挑战。如果能够成功应对这个挑战，就能保持现代化的连续性，反之亦然。我国经济已连续保持了几十年的快速增长，要把这个势头保持下去，最关键的是要适应发展阶段变化，加快转变发展方式，解决发展面临的不平衡、不协调和不可持续的问题，创新和提升我国的比较优势和竞争优势，增强抵御内外风险的能力和持续增长的动力；同时，要通过完善体制机制，妥善处理社会各阶层、各群体及各区域之间的利益关系，使全社会能够公平地分享改革发展的成果，为社会和谐稳定奠定坚实基础。

二、制约发展方式转变的深层体制性矛盾及其影响路径

我国发展方式存在的上述问题，既与我国的发展阶段有关，也与我国的国情特点有关，但最关键的还是与我国经济体制存在的缺陷有关。因此，要推进发展方式实现实质性转变，最重要的就是要准确把握这些深层次体制性根源，深刻分析其影响发展方式的路径，找到关键环节，进行重点突破。

研究分析导致我国现行发展方式上述五个方面问题的体制性因素，可以发现，每个问题都不是由某个单一的体制性因素造成的，而是由多个体制性因素共同作用的结果；而每一种体制性因素，也不是仅构成一个发展方式问题的原因，而是构成多个问题的原因。换句话说，发展方式的多个问题与导致他们的多个体制性因素相互缠绕、交织在一起，错综复杂，其相互关系可以用图5来表示。为了叙述的方便，下面我们首

先说明制约我国发展方式转变的四个主要的体制性因素，然后分析这些因素与发展方式问题的因果关系及影响路径。

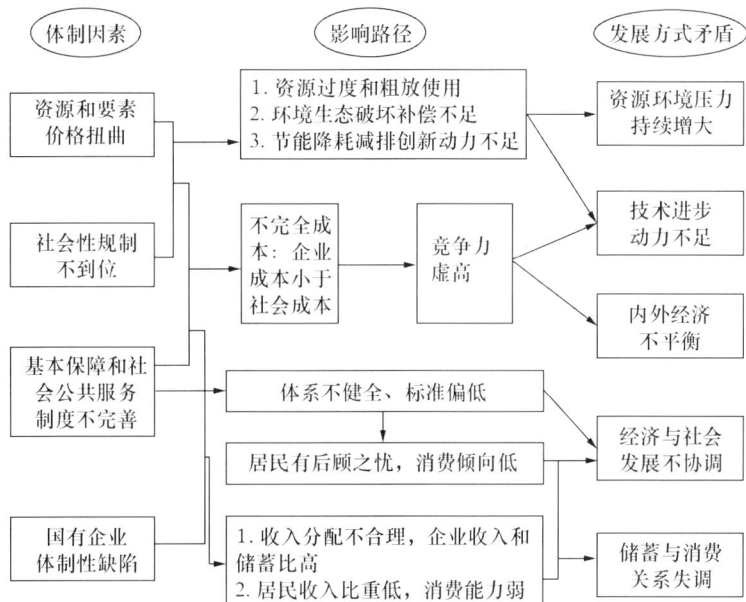

图5　体制性因素影响发展方式的路线图

（一）制约发展方式转变的四个体制性因素

1. 资源和要素价格扭曲，未能充分反映其稀缺性和市场供求状况

我国大多数自然资源的人均拥有量低于甚至远低于世界平均水平，然而其价格却低于国际一般水平，远没有反映出我国自然资源的稀缺性。我国矿产资源总体上人均储量低，相对贫乏，但长期以来却普遍存在矿产资源税费过低甚至被无偿开采的现象。我国土地资源尤其是耕地资源异常珍贵，但长期以来土地价格被低估、土地资源被粗放使用的情况却十分普遍。直到现在，在一些地方的招商活动中，还常常出现低地价或者实质上的零地价现象。再比如，我国水资源不仅总量不足，而且时空分布相当不均衡，但长期以来，由于缺乏健全的水资源管理和价格形成机制，致使水资源低价甚至零价格的现象普遍存在。

导致资源和要素价格扭曲，未能充分反映稀缺资源供求状况的原因，概括起来讲主要是改革不到位，价格形成机制不健全。具体来讲主要有：产权制度不完善，界定不明确，有些资源甚至存在所有者缺位或虚位的问题；资源税费制度不合理，税种不完善，税费标准低，不仅难以反映资源稀缺状况，也难以补偿资源开采对环境的破坏，不利于形成绿色生产方式和绿色消费模式；各级政府对稀缺资源都有较大的控制力，一些地方政府往往根据地方生产总值和税收的增长以及政绩工程的需要，以低于市场供求的价格出让资源；等等。

2. 社会性规制制度不完善、政策执行不到位

市场经济条件下，一方面要努力将价格和激励政策搞对，充分发挥市场机制的作用；另一方面，在存在较大负外部性的地方，需要充分发挥政府社会性规制政策的作用，使得企业生产经营对外部环境的消极影响，比如对空气质量的影响、对水质的影响、对土壤的影响、对居民的噪音干扰，等等，内化为企业的内部成本。只有这样，才能调动企业治理污染的积极性，也才能够对污染受害者以适当补偿。而我国长期以来不仅规制制度和政策不完善，而且由于种种原因，特别是在现行的中央地方财税体制和干部考核管理体制下，对既有规制政策的执行往往也不到位，导致企业生产经营对环境和生态的影响没有充分内化为企业内部成本，使得企业私人成本严重偏离其社会成本。对产品质量安全的规制不到位也有类似的效果，降低了企业的成本，增加了社会的成本。

3. 基本保障和公共服务制度不完善，体系不健全

现代市场经济条件下需要政府发挥作用的另一个重要领域，就是面向全体居民提供与经济发展水平、国情特点相适应的、均等化的基本保障和公共服务，包括基本养老、基本医疗、基础教育、基本居住条件、就业服务等。国际经验充分证明，适当的基本保障制度和保障水平，不仅是提高社会总体福利水平、维持社会公正与和谐的需要，也是扩大国内消费、提升人力资源素质、促进可持续发展的需要。我国在这方面主要存在的两个问题，一是制度不完善，城乡之间、区域之间、不同群体

之间不仅制度不同，而且标准差异较大，碎片化现象严重，制度之间衔接性较差。二是标准低，与我国经济发展水平的提高和国家财力增强的状况不相适应。

4. 国有企业现行制度安排存在缺陷

由于历史和体制的原因，国有企业往往占有大量的国有资源，这既包括矿产资源、土地资源、水资源、频道资源等显性资源，也包括国家信誉、品牌等隐性资源。在比较完善的市场经济条件下，这些资源都是有价的，不论是国有企业还是私营企业，都应当通过竞争有偿获得，而相应的收入应当进入国库，用于改善全体人民的福利。但在我国现实情况下，国有企业一方面以远远低于市场价格的成本甚至是零成本获得这些资源，形成竞争优势，获得超额利润；另一方面，获得利润后又不向全民的代表者政府支付红利，而是留在企业进行投资，成为企业储蓄。这既导致了国有企业与非国有企业之间的不公平竞争，又导致了国民收入初次分配的不合理状况。

（二）体制性因素影响发展方式的路径分析

1. 体制性因素与资源环境压力增大

由图5可见，导致资源环境压力持续增大、经济社会发展与资源环境不相协调问题的体制性根源主要是两个：一是资源和要素价格扭曲问题；二是社会性规制不到位问题。

第一，资源价格偏低，容易导致地方和企业发展资源依赖型产业，过多使用稀缺资源，导致生产环节对稀缺资源的粗放使用和较多的污染物排放。而从消费环节看，则会刺激居民对稀缺资源及其产品的不合理消费，如过度消耗水资源、购买和使用大排气量的私人轿车等，既浪费了资源，又污染了环境。同时，国有自然资源的低价格，政府没有对污染企业或消费者不合理消费课以适当的税收，制约了国家财政能力的增长，从而影响了国家对于环境保护的投入。

第二，社会性规制不到位与价格偏低具有类似的效果。价格是解决资源环境问题的市场办法，而规制则是解决资源环境问题的行政办法。通过制定物耗、排放等强制性标准，不仅能够直接减少资源消耗和污染排放，也会为市场机制作用的发挥创造前提。规制不到位，既不利于促使企业、消费者高效合理使用稀缺资源，也会造成对环境和生态的较大压力。

第三，资源要素价格低、环境生态影响规制不到位，会削弱社会对节能减排技术的需求，因而也不利于节能降耗减排的技术创新。比如，如果油价过低，节油技术需求就会降低；如果水资源价格过低，节水技术和设施的投资就是不经济的，大水漫灌就难以避免；等等。

2. 体制性因素与技术进步推力不足

如图 5 所示，导致技术进步推力不足的体制性原因，除由于资源和要素价格不合理、社会规制性政策不到位等导致的节能降耗减排创新需求和动力不足之外，另一个方面的具有综合性的原因，就是由于这两个因素，再加上基本保障和公共服务制度不完善，使得我国产品在一定程度上具有"不完全成本特点"①，导致我国企业和产品竞争力一定程度上的虚高，从而减轻了我国企业技术进步的压力和动力，滞缓了我国经济在全球竞争中比较优势的转换和竞争优势的提升。

具体来讲有以下几点：

第一，资源、资本和劳动力价格偏低，使得企业即使采用落后的生产技术和工艺流程，也能获得足够的利润空间。这既抑制了企业对于先进技术的需求，也减弱了对于企业进行技术创新的激励，影响了新技术的供给。

第二，劳动报酬偏低，使得劳动者既没有足够的收入来支持其本身进行知识更新和接受更多的技能培训，也没有足够的收入让其下一代接受更好的教育，直接影响着劳动力的生产和再生产。

---

① 所谓"不完全成本"，是指由于多方面因素的影响，使得企业产品的成本，没有能够涵盖产品生产过程中所实际发生的全部成本，包括企业成本和社会成本。

第三，政府公共服务投入的不足尤其是对教育和科技投入的不足，直接地影响着国家的创新能力和劳动者素质的提高，进而影响着技术的供给和技术的推广应用。

3. 体制性因素与内外经济不协调

如上所述，所谓内外经济不平衡，主要是指我国贸易顺差的持续大幅度增长和外汇储备规模的不断扩大。导致这种情况的原因，既有正常因素，也有不正常因素，既有我国因素，也有其他国家的因素，这里解释的，只是其中的由我国国内体制性缺陷所导致的非正常因素的原因。资源价格不合理、社会性规制不到位和社会保障制度不完善，这三个体制性因素共同作用的结果，就是我国产品的不完全成本和竞争力虚高，而正是不完全成本和竞争力虚高，构成内外经济不平衡的一个重要原因。具体影响路径是：

第一，由于资源和要素价格偏低、环境生态补偿不充分、劳动者工资和福利水平偏低、社会保障和公共服务不到位等，使得我国产品呈现不完全成本特征，形成我国产品在国际市场上竞争力的"虚高"现象。这至少是导致我国贸易顺差持续扩大的部分原因。这个因素由于我国外汇管理体制和汇率形成机制有待完善、人民币汇率偏低而放大。

第二，资源价格、资本价格和劳动力价格偏低，还使我国的生产结构和贸易结构长期锁定在以低附加值产业为主的状态下，从而使中国在全球利益的分配中长期处于不利地位。

第三，国内资源所有者、资本所有者及劳动力所有者的所得偏少，影响了国内购买力的提高，制约了国内需求的扩大。实际上是通过虚高竞争力，将一部分本来应该由国内要素所有者得到的利益，通过国际贸易转给了外国人。

4. 体制性因素与社会发展滞后

如前所述，我国经济发展与社会发展不协调的问题，突出表现在两个方面：一是发展不平衡，城乡之间、区域之间、人群中间收入差距大；二是基本保障和基本公共服务制度不完善、体系不健全，不仅均等化程度低，而且水平标准也与我国现有发展水平和政府财力不相适应。

第一，资源税费偏低、利益分配不尽合理，不仅直接减少了部分中西部资源富集地区收入水平的增长，也限制了其运用这些资源发展经济的能力，是导致区域差距扩大的一个重要因素。

第二，社会性规制政策不到位，意味着资源富集和原料粗加工地区受污染的群众没有得到应有的补偿，从而减少了这些地区群众的收入。同时，这又相当于受污染地区向使用这些资源及其产品的地区提供了一种隐性补贴，从而增加了后者的实际收入和福利水平，进一步拉大了发展差距。

第三，在市场经济条件下，均等化的基本保障和公共服务，是减缓收入和福利差距的最主要途径，而由于我国这方面的制度和体系不健全，反而进一步拉大了城乡之间、区域之间及人群之间的收入和福利差距。比如，在现行体制下，经济越发达、收入水平越高的地区，居民所享受的保障水平反而越高，公共服务反而越好。城乡之间最为典型，农村的保障水平和福利水平总体上远差于城市；农民工本来就是收入水平较低的群体，由于社会保障体制的缺陷，农民工流动时难以携带保障金，不得不退保，反而进一步减少了其实际的收入水平。

5. 体制性因素与消费储蓄不协调

由图5可见，储蓄与消费关系失调直接受制于两个因素：一是居民消费倾向降低；二是收入分配体制有问题，企业收入份额增加多，居民收入份额下降多，制约了居民的消费能力。居民消费倾向的下降，主要与社会保障和公共服务制度不健全、保障水平低、居民在消费方面存在后顾之忧等相关，这一点无需赘述。而收入分配不合理、企业收入比例上升、居民收入比例下降，则是上述四个体制性因素共同作用的结果。

第一，资源和要素价格偏低、对环境生态影响的补偿不到位，以及劳动者报酬和保障水平偏低等，都会降低企业的成本，相应增加其利润和企业收入，使得经济在不完全成本下运行，是导致企业储蓄率上升的主要原因。

第二，国有企业享有诸多特权，获得超额利润又不向所有者分红，也增加了国民收入中归属于企业的部分。由于企业收入只用于投资，而不用于消费，因此，直接导致企业储蓄率的上升。

第三，从另一个角度看，上述因素又是导致资源拥有者、环境受害者以及劳动者报酬不足的主要原因。比如，拥有资源的地区大多是落后地区，资源价格偏低和利益分配上的不合理，直接制约了资源富集地区的脱贫致富。再如，如果环境受害者得到应有的补偿，也可以增加其收入和消费。因此，不完全成本又成为制约居民收入和消费能力增长的重要因素。

最后，基本保障和基本公共服务不足，一方面使得居民在消费方面存在后顾之忧，是导致居民储蓄倾向上升、消费倾向下降的重要原因。另一方面，也是压低劳动力价格、导致劳动力报酬份额偏低的一个重要因素。因为劳动力报酬中有一部分是要通过政府起作用的，那就是通过税收或收费的方式，为所有劳动者提供均等化的基本保障和公共服务。如果这些方面做到了，不仅劳动者得到的实际报酬会增加，也会提升农民工在劳动力市场上的谈判地位。

三、推动发展方式实质性转变的目标、原则及战略

（一）目标和要求

从前面的分析可以看出，我国经济发展方式存在的矛盾和问题相当突出，不仅已严重影响当前经济的平稳运行，而且已构成对未来经济持续发展的潜在威胁。转变发展方式业已成为一项重大而紧迫的任务。另一方面，经济发展方式转变内涵丰富，涉及面广泛，且其各部分内容和各环节之间相互联系、相互制约，又是一项综合系统的艰巨任务。推进发展方式转变，既要考虑需要，又要考虑可能；既要有紧迫感，又不可操之过急。通过分析发展方式存在的矛盾和问题的性质和程度，以及影

响发展方式转变的因素及其制约强度，我们认为，实现发展方式实质性转变这一目标要经历两个阶段：

第一个阶段，从现在起到"十二五"时期末，要突出重点，着力消除制约发展方式转变的深层体制性因素，努力构建支撑科学发展的体制机制，推动转变发展方式取得实质性进展，使发展方式面临的突出矛盾得到明显缓解，与我国国情特点的协调性明显提高，与发展新阶段要求的适应性显著增强，为在下一个五年规划期间实现发展方式的根本性转变奠定良好的基础。

第二个阶段，从2015～2020年，全面部署，统筹推进，通过进一步完善体制机制，从根本上消除制约科学发展的体制和政策因素，基本形成与我国发展阶段和国内外环境相适应，全面、协调、高效、普惠、可持续和应变能力强的经济发展方式。

适宜的发展方式所应具有的性质及特征不是固定不变的，相反，是与发展所处的阶段和所处的发展环境高度相关的。也可以说，发展方式没有最终形态。在不同的阶段上和不同的环境下，由于工业化城镇化的首要任务不同，推进的条件不同，发展的路径和手段也不同。如：在工业化的初级阶段，加快发展往往是首要任务，这时，增加物质资本积累通常成为促进发展的主要杠杆；而在工业化的高级阶段，提高发展质量往往是首要任务，这时，鼓励技术创新、积累人力资本通常成为推动发展的主要手段。因此，我们所要努力构建的发展方式，应是与我国的工业化城镇化进程相一致、与我国现代化所处的国内外环境相协调的发展方式。具体地说，主要包括：

（1）反映全面发展的要求。在新时期新阶段，我国的现代化应是包括人的发展在内的全面发展的现代化，而不应再是过去那种过于偏重经济发展的现代化。我们所要建立的新的发展方式，也应有助于经济建设、政治建设、文化建设、社会建设、生态建设的全面推进。

（2）反映协调发展的要求。现代化的各个方面是有机的整体，只有协调各方面的发展，才能保证现代化的持续推进。不仅现代化的各个方面要协调发展，各方面内部不同部分之间也要协调发展。新的发展方式应有助于经济内部结构的优化、经济与社会、经济与自然的协调发展。

（3）反映高效发展的要求。高效发展是指在相同约束条件下实现更多产出的发展。它不仅有助于加快发展，而且有助于增强发展的持续性。经济要高效率地发展，是我国人均自然资源禀赋水平偏低、工业化城镇化尚未完成这一基本国情所决定的，也是当前和今后相当长的时期内围绕全球资源而展开的国际竞争将日趋激烈这一基本趋势所决定的。实现高效发展，除努力提高自然资源的利用效率外，还要着力提高资本和人力资源等的利用效率。同时，新的发展方式还要有利于优化资源和要素在部门、区域、城乡之间的配置，提高资源配置效率。

（4）反映普惠的要求。在"让一部分人通过诚实劳动和合法经营先富起来"的政策实施几十年后的今天，让全体人民共享发展成果已成为全社会的共识。这不仅是满足人民群众新期待的需要，也是促进社会各阶层和谐共处、扩大国内需求、发挥发展潜力、保持发展连续性的必然要求。新的发展方式要有助于各地区、各阶层共享发展成果。

（5）反映可持续发展的要求。保持发展的持续性，对于一个国家的现代化至关重要。国际经济发展史表明，当今世界南北发展巨大差距的形成，主要不是因为北方国家的发展速度快于南方国家，而主要是由于北方国家连续保持了百年以上的经济增长，而南方国家却常常因为外敌入侵、内部社会动荡等原因而未能实现经济的持续增长。现在，我国人民的温饱问题已彻底解决，人民生活已总体上达到小康水平。保持发展的持续性，是新时期我国现代化面临的突出任务。这一方面要求将发展保持在资源环境可承载的范围之内，另一方面，也要求通过技术的不断进步、体制的不断创新，为发展提供不竭的动力。

（6）有足够强的应变能力。发展方式是一定历史和技术条件下的产物，条件变了，发展方式也要随之调整。否则，就会产生一系列的经济和社会问题。这不仅被中国的发展历程，而且也被世界其他国家的发展历程所证实。新的发展方式要具有随着内外条件和环境变化而进行自我调整和优化的能力。

（二）原则

（1）更新观念，全面落实科学发展观。有什么样的发展观念，就有什么样的发展思路、发展战略和发展举措。要有正确的行动，必须有正确的理念。科学发展观不仅是对中国也是对全球发展经验的总结，也是当今世界最先进和最符合规律的发展理念。用科学发展观指导实践，一定能使我国的经济社会沿着正确的轨道持续发展。因此，要推动发展方式实现实质性转变，就必须全面贯彻落实科学发展观，坚持以人为本，坚持全面、协调、可持续发展，坚持为社会各阶层参与发展创造公平的机会，坚持让全体人民公平地分享发展成果。

（2）协同推进，重点突破。经济发展方式存在的五个方面的矛盾和问题，相互掣肘，互为因果，共同制约着我国经济的持续稳定发展和社会的和谐稳定。转变发展方式是一项系统工程，必须要有全局性、系统性的设计，必须协调推进。当然，协调推进并不意味着在各个方面均衡用力，也不意味着在各个方面同时取得突破。转变发展方式，要分轻重缓急，根据需要和可能，在某些领域率先取得突破，以重点突破带动全面转型。同时，要着力拓展发展空间，用增量的创新带动存量的调整和改革。

（3）调动和保护各方面的积极因素，形成合力。市场是不完备的，政府会失灵，企业的决策也会受到信息不充分等因素的影响。推动发展方式转变，仅靠一个方面，无论这个方面是什么，都不能达到预期的目标。因此，转变发展方式，特别是推动竞争优势实现动态转换，即实现由低成本优势向技术知识优势的转变，需要发挥各个方面的积极作用。这需要界定政府和市场、企业和社会各界各自发挥作用的领域，使它们形成相互补充而不是相互替代的关系，为发挥好政府和市场、企业和社会各界的作用创造必要的前提。还需要建立健全有利于发展方式转型的激励机制，以利益关系的合理调整，调动各方面的积极性、主动性和创造性，形成推动发展方式转变的强大合力。

（4）抓住机遇，迅速行动。转变发展方式，需要一定的条件。在经济上升期，各种矛盾往往处于蛰伏状态，转变发展方式的压力不大，动力不足。在经济下行期，各种矛盾往往会暴露出来，并日益尖锐化，转变发展方式的压力会增大，共识会凝聚，动力会增强。受国际金融危机影响，我国经济社会发展不全面、不协调、不可持续的问题表现得更加突出，经济运行也出现了诸多新情况新问题。要充分利用后金融危机时期全球经济增长放缓给我们带来的挑战和机遇，加快发展方式的转变。

（5）扩大开放，在全球化背景下推进转型。经过30年的发展，我国经济已经与世界经济紧密联系在一起。尽管经济全球化会遇到这样那样的挫折，但其总趋势不会发生变化。发展方式转变，应该、必须也有条件利用两个市场、两种资源加以推进。要通过提高对外开放的水平和质量，为发展方式转变提供要素支撑（包括技术要素支撑）和市场支撑。

（6）深化改革，以体制机制作根本保障。发展方式能否实现实质性转变，关键取决于各市场主体能否有正确的行为。而市场主体的行为受制于其身居其中的制度环境。说到底，发展方式能否转型成功，取决于能否建立起一整套有利于发展方式转型的制度体系。因此，促进发展方式转变，要继续深化重要领域和关键环节的改革，把破旧和立新结合起来，在消除制约发展方式转变的体制障碍的同时，建立健全有利于发展方式不断调整和优化的体制机制。

（三）战略

针对发展方式存在的突出问题及其深层体制性缺陷，"十二五"时期应在完善社会保障体系、提升产业中高端竞争力、加快城乡一体化进程和节能减排、积极应对气候变化等方面有重大进展，相应实施如下四大战略。

1. 以完善社会保障和扩大基本公共服务为重点的改善民生、扩大内需战略

假设在 2010～2015 年期间我国年均经济增长率要保持 8.5% 左右，而出口年均增长率比 1978～2008 年平均增长率低 5 个百分点左右，这会导致相当于 GDP 的 2.44% 的需求缺口。要弥补这一缺口，2010～2015 年国内需求平均每年需额外增加 1.2 万亿元左右。

我国政府基本保障支出比重和居民基本保障水平都比较低。扩大政府基本保障支出，提高居民基本保障水平，可以成为促进居民消费、扩大内需的重要途径。从国际经验看，同等收入国家政府基本保障支出占政府总支出的比重平均为 54.0%，而 2008 年我国这一比重在 38% 左右；同等收入国家政府基本保障支出占 GDP 的比重为 10.3%，而我国的比重是 5.4%。同等收入和文化相似的国家的居民消费率在 60% 左右，而我国居民消费率在 35% 左右。

为了挖掘基本保障拉动消费的潜力，应重点解决基本保障覆盖面窄和地区间、职业间待遇不公平的问题，应优先保证五项"人人享有"，即免费的义务教育和中职教育、少量收费的基本医疗卫生服务、适当的住房救助、最低生活保障和社会养老安排。

初步测算，如果 2010～2015 年能够基本实现五项"人人享有"，每年可以释放的内需潜力至少在 1.1 万亿元，满足扩大内需要求的 90% 左右。

我国实现五项"人人享有"的经济条件也基本具备。按照逐步缩小我国与同等收入国家财政基本公共服务投入（投入比例）差距（到 2012 年将差距缩小 50%，到 2015 年将差距缩小 80%）的方案，假定：(1) GDP 每年增长 8.5%。(2) 一般财政支出年均增长 13%。(3) 财政基本保障支出增幅高于一般财政支出增幅 5 个百分点，初步测算，未来 6～7 年逐步实现五项"人人享有"，每年所需财政资金缺口在 3000 亿～5500 亿元（2008 年不变价）。通过适当提高中央所属企业红利上缴比例和出售部分新增资产，每年可以筹集 5000 亿元左右支持基本保

障体系建设。

2. 以农民工市民化为重点的城镇化战略

改革开放以来，我国的城镇化进程取得重大进展，城镇数量、城镇人口规模都有大幅度增长，城镇人口占总人口的比重也有显著提升。1978~2008年，我国城镇人口由1.72亿增加到6.07亿，城镇化率由17.9%提高到45.7%，年均提高近0.93个百分点。即便如此，中国的城镇化不仅质量不高，发展水平也低于同等发展水平的国家。加快推进城镇化，持续提高城镇化水平和质量，使大多数农民进入非农产业和城镇，并变为真正的城市居民，是解决中国三农问题的根本途径，也是中国扩大内需最具潜力的领域之一。

目前农民进入非农产业和城镇面临着两方面的问题：一个是要有足够的非农就业岗位可以使农民就业；另一个是在农民有非农就业岗位的基础上，使农民及其抚养人口成为完整意义上的城镇居民。这就是所谓农民工市民化的问题。据测算，我国农民工总规模约为2.4亿左右，其中纳入城镇人口统计的农民工大约为1.23亿。无论是否纳入城镇人口统计，绝大多数农民工及其抚养人口都未能公平享受城镇的基本公共服务和社会保障。通过DRC-CGE模型（国务院发展研究中心可计算一般均衡模型）模拟分析发现，相对于延续现行政策的基准情形，如果能有序推进农民工市民化，假设每年能使约5%的农民工实现市民化转变（享受城镇居民身份人口净增1000万），享受与城市居民相同的教育、医疗、住房等公共服务，则我国2010~2015年期间的经济增长率平均将上升约0.75~1.06个百分点。以模拟分析的基年2010年为例，将带动GDP增加约3600亿元。模型模拟分析还发现，农民工市民化可以促进居民消费和固定资产投资增长，降低经济增长对出口的依赖程度；农民工市民化还可以提高服务业比重，优化经济结构；促进人口转移，缩小居民收入差距。

3. 以提升中高端产业竞争力为重点的产业转型升级战略

国际经验表明，处在产业中高端的竞争力，才有持久的竞争优势；

但在一个国家，不可能所有产业，只能是一部分产业可能具备这种能力。应根据不同产业的特性，重点在研发设计、规模经济、精密制造、供应链、品牌和营销渠道等方面下功夫，形成一批今后二三十年乃至更长一个时期在全球范围具有持久竞争力的产业和企业。

从我国目前的产业状况看，有可能、有潜力形成中高端竞争优势的产业：一是以较强的生产制造能力为基础，同时具有一定研发设计能力、产业配套能力和集群发展特征突出的资本技术密集型制造业。如机械制造、电子和电气产品制造、交通设备制造等，其中最为典型的四个子行业是机床、发电设备制造、汽车制造和高速铁路设备制造。二是以劳动密集和产业配套优势为基础，同时具有较大的研发设计、市场营销和品牌等竞争优势提升空间的产业。主要是轻工、纺织服装、部分电子机械等产业。三是具有显著的市场和生产规模经济优势，同时具备技术、管理和经营上的系统集成能力的产业。如钢铁、有色、化工等产业。四是由于技术重大突破或全球范围打破技术瓶颈，形成新的技术平台和发展机遇的产业，以及体现国家战略要求，由国家直接大量投入支撑的产业。如航空航天、新能源和环保、新能源汽车、生物医药、新一代信息技术等产业。当然，哪些产业能够形成长期竞争力，最终将取决于市场竞争。

4. 以促进节能减排增效和生态环境保护、降低单位 GDP 碳排放强度为重点的绿色发展战略

中国政府已经提出 2020 年单位 GDP 二氧化碳排放比 2005 年下降40% ~45% 的自主减排目标，并制定和实施相应的行动规划。应以降低单位 GDP 碳排放强度为主要目标，确定"十二五"时期我国节能减排战略和路线图，形成以市场机制为基础、多种手段有机结合的节能减排长效机制；积极发展与我国现阶段国情相适应的低碳技术和减排技术，培育新的经济和科技增长点。由于大部分二氧化碳是由化石燃料使用所产生，一定意义可以说节能就是减排。降低单位 GDP 碳排放强度，是一个能够反映节能减排进度的综合性指标，也易于与国际接轨。

图 6 说明了四大战略与发展方式面临问题的关系。

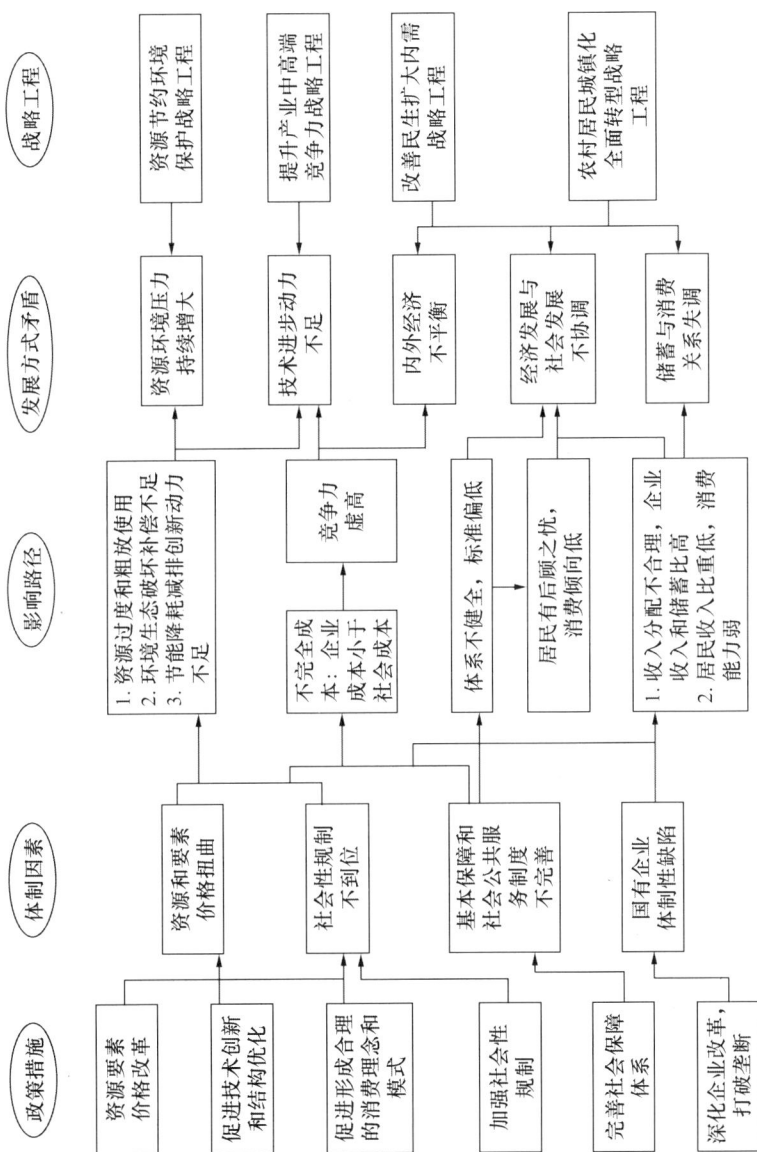

图 6 通过深化改革和重点战略工程促进发展方式转变

政策措施	体制因素	影响路径	发展方式矛盾	战略工程
资源要素价格改革	资源和要素价格扭曲	1. 资源过度和粗放使用 2. 环境生态破坏补偿不足 3. 节能降耗减排创新动力不足	资源环境压力持续增大	资源节约环境保护战略工程
促进技术创新和结构优化	社会性规制不到位	不完全成本：企业成本小于社会成本	技术进步动力不足	提升产业中高端竞争力战略工程
促进形成合理的消费理念和模式		竞争力虚高		
加强社会性规制	基本保障和社会公共服务制度不完善	体系不健全，标准偏低	内外经济不平衡	改善民生扩大内需战略工程
完善社会保障体系	国有企业体制性缺陷	居民有后顾之忧，消费倾向偏低	经济发展与社会发展不协调	农村居民城镇化全面转型工程
深化企业改革，打破垄断		1. 收入分配不合理，企业收入和储蓄比高 2. 居民收入比重低，消费能力弱	储蓄与消费关系失调	

27

四、加快发展方式转变的若干政策重点

第一，不失时机地推进资源和要素价格改革，充分发挥价格机制在促进发展方式转变方面的基础性作用。首先，要加强对非传统资源的产权界定和保护。随着我国社会主义市场经济的发展，一些非传统资源，比如排放权资源、频道资源等，变得越来越稀缺，越来越宝贵，迫切需要通过加大对其产权的界定和保护，在维护公共利益的同时，提高这类资源的利用效率。其次是要在充分研究论证的基础上，进一步完善我国资源税费制度，提高税费标准，并参照国际经验，改进资源税费在不同利益主体和不同利益相关者之间的分配关系。再次，要着力推进土地资源、水资源、矿产资源、生态环境容量以及利率、汇率等要素价格体制改革，建立有利于资源节约和环境友好、反映市场供求状况和资源稀缺程度的资源要素价格形成机制，更大程度地发挥市场在资源配置中的基础性作用，提高资源配置效率。

第二，切实加强对资源、环境、质量、安全等方面的社会性规制，正确和有效发挥政府在促进发展方式转变方面的应有作用。首先，要进一步完善我国有关资源节约、环境保护和产品质量安全的法律法规和相关制度，重点解决法律体系不健全和标准不合理的问题。其次，增强社会性规制执法的约束力和严肃性，特别要避免短期调控政策考虑对规制政策的影响，或将社会性规制政策作为短期调控政策加以使用的做法。无论在经济上行期，还是在经济下行期，都要严格执行与节能降耗减排及劳动保护、社会保障等相关的法律法规，既不能因为经济的暂时困难而放宽这些法律的执行标准，也不能因为经济形势的好转而提高法律标准。再次，要进一步规范和发展信用评级、调查审计、认证认可、公正仲裁等专业性中介服务，充分发挥其在增强社会性规制政策有效性方面的重要作用。最后，要把对资源环境、质量安全等的管理纳入对各级干部的考核当中，从体制机制上保障相关法律法规得到切实执行。

第三，着力完善社会保障和基本公共服务体系，改变社会发展与经济发展不相协调的状况。首先，要进一步提高认识，改变那种把社会保障仅仅视为一种社会福利的观念，充分认识社会保障对于扩大内需、提升人力资本、促进技术进步、增强经济整体竞争力等的积极作用。其次，要以实现基本保障和基本公共服务均等化为目标，着力提升统筹层次，努力改变社会保障制度"碎片化"、不接续的状况。在这方面中央政府尤其要发挥主导和关键作用。再次，要结合主体功能区规划的制定和相关政策的实施，进一步改进我国不同层级政府之间在公共服务事务方面事权和财权的划分，完善财政转移支付制度，使各地政府都有充足的收入来提供基本公共服务和基本社会保障。最后，提高公共服务和社会保障立法的层次，增强相关法律的权威性，使公共服务和社会保障的提供有法可依。

第四，深化国有企业和垄断行业改革，完善国有企业和垄断行业剩余分配机制。要积极探索完善国有企业利益分配的有效途径。在进一步研究论证的基础上，建立国有资产（国企股份、国有土地和资源等）及其收益补充社保基金的长效机制。同时，将国有企业利润，按照合理的比率进行"分红"，上缴国家财政，彻底改变国有企业实际上在无成本地使用国有资产的状况。调整国民收入和国有资本的分配结构。要根据行业的经济技术特征，把目前国有企业比较集中的行业——石油石化、电力、电信、民航、航运、矿产资源开发等——进行分门别类，对于那些无需垄断经营的行业，要尽快放宽市场准入，允许各类所有制企业进入；对于那些确须由国有企业垄断经营的行业，要以各种适当的方式——如特许权费、资源税、级差租金等——将其超额利润收归国有，使其行业利润率与社会平均利润水平基本一致。

第五，大力推动技术创新，促进经济结构优化升级。加快构筑基础性、共用性的技术平台，增加政府在共性技术领域的资金投入，强化政府整合科技资源和组织重大科技攻关项目的作用。更多地依靠技术进步推动经济增长，在广泛应用高新技术改造传统产业的同时，着力培育新的经济增长点，加快发展新能源、节能环保、新材料、新一代信息技术、生物工程等战略性新兴产业。着力推进节能减排增效、生态环境保护，促进绿色发展。把应对气候变化与推动发展方式转变有机结合起来，积极发展低碳经济、绿色经济和循环经济，综合运用经济、法律、行政和道德规范等手段，形成节能减排增效、生态环境保护的长效机制。

第六，制定并实施合理的消费政策，促进形成资源节约型、环境友好型的消费模式。一要完善消费品价格政策体系。要在普遍提高资源产品价格的同时，对居民消费实行阶梯水价、阶梯电价、阶梯天然气价格，对超过定额的消费收取几倍、十几倍乃至几十倍于基本价格的价格，以抑制大量耗费资源的行为。二要完善税收体系。要颁布符合我国国情的人居住房国家标准，并以此为依据制定和开征有差别的房产税率。要扩大消费税征收范围，大幅度提高筵席和奢侈品边际税率，变消费税主要从生产环节征收为流通环节征收。三要建立或完善相关的法律、法规，运用法律手段，严厉制裁过度占用和消费重要资源、尤其是过度占用和消费土地、水等不可贸易资源的行为。

执笔人：张军扩　侯永志

以基本保障为重点的改善民生、拉动内需战略

保障和改善民生（以下简称改善民生）的内容包括就业促进、收入分配、教育、医疗卫生、住房保障、社会救助和社会保险七大方面，其责任主体包括用人单位（发工资和提供补充性保险福利）、个人（自愿购买商业保险和储蓄）、家庭和社区（团结互助）以及国家（提供基本保障以及通过税收手段鼓励单位和个人的努力）。本报告重点讨论在教育、医疗卫生、住房、最低生活以及老年生活等五个方面由国家提供的基本保障。其中，前三个方面是基本公共服务的内容，后两个方面是狭义的社会保障的内容。

一、加大国家基本保障支出是我国扩内需较为有效的途径

（一）2010～2015 年，年均需要内需额外增长 1.2 万亿元，以弥补出口增速下降导致的增加值减少

虽然世界经济开始缓慢复苏，但我国出口很难保持新世纪前 7～8 年的快速增长趋势，假设则在 2010～2015 年期间平均增长率为 12% 左

右，比 1978～2008 年 30 年平均增长率低 5.3 个百分点。如果 2010～2015 年我国年均经济增长率要保持 8.5% 左右的水平，根据 2008 年不变价数据初步测算，因出口增速的下滑，将使 2010 年实际出口产生约 0.45 万亿缺口，2015 年则会达到 5.3 万亿，2010 至 2015 年间，平均各年缺口规模约 2.2 万亿。在其他条件不变情况下（静态需求缺口），则出口下降导致 2010 年的增加值下降 0.22 万亿，2015 年下降 2.7 万亿，2015 年前各年平均下降 1.08 万亿。要弥补这一出口下降导致的需求缺口，根据内外需的增加值率差异，2010 年和 2015 年分别需要内需额外增长 0.25 万亿和 3 万亿元，2015 年前各年平均需要内需额外增长 1.20 万亿元。而从我国内需中投资和消费的关系看，投资增速已经很高，消费增长则长期相对缓慢，而且投资效率的提高也依赖消费的增长。所以，要进一步挖掘我国内需增长的潜力，关键在于促进消费加快增长。

（二）我国政府基本保障支出比重和居民消费率都偏低，可以成为扩内需的选择途径

按照 IMF 的政府收支宽口径（包括社会保险基金全部收入和支出），2007 年人均 GDP3000～6000 美元的国家的基本保障（包括教育、医疗卫生和住房）支出占政府总支出的比重平均为 54.0%。而 2008 年我国这一比重在 38% 左右。两者相比，我们少了 16 个百分点。而从各方面基本保障财政支出占 GDP 的比重来看，我们与同等收入国家的差距更大。在教育、医疗卫生、住房保障、社会救助和社会养老方面，同等收入国家的比重分别是 4.5%、2%、1%、1.4% 和 1.4%，五项合计 10.3%。2008 年我国五项的比重分别是 3.48%、1.2%、0.1%、0.63% 和 0%，合计为 5.41%。两者相比，我国五项分别少了 1.02、0.8、0.9、0.77 和 1.4 个百分点；我国合计少了 4.89 个百分点，或者说我们低了 47.5%。

从人均 GDP 以及文化因素与居民消费率的关系看，人均 GDP 在 3000 美元左右的东亚国家的居民消费率应该在 60% 左右，而 2008 年我国居民消费率只有 35.3%，两者相比我们少了 25 个百分点，或者说我们低了

41%。

（三）政府调控消费率应主要依靠加强和完善基本保障

在我国国民收入初次分配中，劳动者报酬占比明显偏低，居民绝对收入水平增长偏慢，平均消费倾向下降。并且，地区之间、城乡之间、行业之间和人群之间的收入差距偏大，居民收入过于集中不利于平均消费倾向的提高。表面上看，初次分配中的一些问题影响了居民消费能力和倾向。事实上，这些问题大多是市场作用的结果，政府很难对劳动力市场进行有效的干预。

比较而言，政府基本保障投入不足不仅挤占了居民消费，而且增加了居民的谨慎预期，降低了消费倾向。因此，政府基本保障支出本身是消费需求，同时可以拉动居民消费。根据世界 26 个主要国家历史数据，政府基本保障支出占政府总支出比重每增加 1 个百分点，居民消费占GDP 比重将增加 0.2 个百分点。其中，加大政府社会保障、医疗及教育支出的效果较为显著。

另外，政府改善基本保障还可以增加公共部门的就业。据统计，公共部门就业人口占总人口比重的国际平均值是 4.7%，而我国只有 3%；公共部门就业人口占就业人口比重的国际平均值是 11%，而我们只有5.2%。

（四）政府基本保障支出不足的主要原因在于认识不统一以及制度设计和管理上的缺陷

虽然中央明确基本保障要更加注重公平，但是各方面对"基本"和"公平"的概念不统一。对于"福利刚性"，一些同志固守福利能上不能下和制度模式路径依赖的教条，进而在行动上畏首畏尾。

在政策过程中，现行社会保障体系存在着制度碎片化、执行难、不公平的现象以及公开透明不够、财政投入不足和宏观调控不力的问题。同时它难以适应社会经济条件变化的需要。

二、我国应优先保证全民均等享有五项基本保障

在"十二五"期间，我国有能力优先保证城乡居民均等享受免费的义务教育和中职教育、少量收费的基本医疗卫生服务，以及符合条件的家庭均等享有最低生活保障、适当住房救助和符合条件的个人享有社会养老安排。具体建议和理由如下。

1. 我们建议的五项"人人享有"与国际劳工组织确定基本保障内容的原则是一致的，既保民生，又促进人力资本积累

根据世界劳工组织的研究，所有的国家都有必要和可能实行基本保障，以确保每位居民享有基本医疗卫生服务、每个儿童享有义务教育和不低于贫困线的收入保障、贫困和失业人口享有社会救助以及每位居民享有不低于贫困线的老年保障。这样既有利于保障和改善民生，又可以促进人力资本的积累，以及社会经济发展的良性循环。

2. 基于我国基本国情，我们建议的五项"人人享有"与国际劳工组织建议的基本保障内容略有区别

考虑到我国绝大多数家庭对儿童的责任感以及控制人口生育水平的基本国策，我们建议的优先保障项目不包括普惠式的儿童津贴或家庭津贴。同时，由于我国的房价收入比偏高，我们建议增设面向低收入家庭的适当住房救助。最低生活保障、义务教育和基本医疗卫生服务可以大幅度提升人力资本。适当住房救助对低收入家庭是生活必需品，可以显著改善困难群体的生活环境和健康素质。基本养老保障则不仅是一种人道主义措施，而且有助于年老体弱的劳动者退出市场，为人力资本和生产效率较高者腾出有限的就业岗位。

3. 针对存在的突出问题，我国基本保障体系建设应坚持"全覆盖、保基本、缩差距、易转续"的方针

为了解决地区间、群体间、制度间保障水平不均衡的问题，我国应

制订和发布各项基本保障的国家标准，并将财政新增基本保障投入用于保国标、促公平和缩差距，应建立基本待遇增量联动、向低待遇群体倾斜的机制。财政基本保障投入增幅应高于经常性财政支出增幅 5 个百分点左右，中央财政投入占比要提高到 50% 以上。为了发挥国家补助的引导作用和减少福利依赖，国家补助，特别是中央转移支付应以"全覆盖、保基本、缩差距、易转续"以及地方、用人单位（集体）和个人的自我努力为前置条件。为了鼓励社会保险关系的跨地区转移接续，我国应建立社会保险风险国家调剂基金。为了缓解方针政策落实执行难的问题，应加快建立和积极利用国家信息系统，对管理服务进行监测和问责。另外，近期（"十二五"期间）应积极探索制度内外的整合，降低"碎片化"以及缩小制度和标准上的差距，为中长期的"大一统"创造条件。

三、我国宏观经济和财政有能力保证实现五项"人人享有"

（一）我国基本具备经济条件实现五项"人人享有"

按最新的经济普查资料，2008 年我国人均 GDP 的现价和 2000 年不变价统计值分别是 3407 美元和 2050 美元。即使按 GDP 年增长率 8% 计算，2013 年我国人均 GDP 的现价和不变价也将分别超过 5000 美元和 3000 美元。从海外经验看，即使不考虑人民币升值因素，我国"十二五"中期的国民经济实力可以支持人人享有义务教育、最低生活保障、适当住房救助、基本医疗卫生服务和社会养老安排。

在教育方面，2003 年，主要中等收入国家就做到了使 5 岁儿童平均能够接受 13.5 年的教育，且公平性较高。在最低生活保障方面，2008 年实行这项制度的发展中国家的人均 GDP 在 447 ~ 9300 美元，平均值为 3518 美元。在住房方面，有关国家和地区大规模提供公共住房保障时，人均 GDP 在 2250 ~ 6000 美元，平均数为 4000 美元（2000 年不变价）。一些东亚国家和地区大规模提供公共住房时的经济水平相对较低。在医疗卫生方面，2008 年实行全民基本医疗卫生服务的发展中国家的人均 GDP 在 1000～9300 美元，均数为 4663 美元。另外，在社会养老方面，2008 年实行非缴费性养老金制度的发展中国家的人均 GDP 在 441～9654 美元，均数为 4675 美元。

（二）2009～2015 年期间逐步实现五项"人人享有"，每年所需新增财政投入缺口在 3000 亿～5500 亿元

实现五项"人人享有"，同等收入国家财政投入占其 GDP 的比重平均为 10.3%，2008 年我国的比重约为 5.4%，因此我国需要新增相当于 GDP4.9% 的财政投入。2008 年我国财政投入在教育、社会救助、适当住房救助、基本医疗卫生保健和社会养老等五个方面与同等收入国家平均水平的差距分别相当于 GDP 的 1.02%、0.78%、0.9%、0.8% 和 1.4%，总计约为 GDP 的 4.9%。

由于新增财政投入一步到位的阻力可能很大，我们设计了一个到 2012 年填补国际差距 50%、到 2015 年填补国际差距 80% 的过度方案（详见表 1.1）。

表 1.1   "十二五"期间基本实现五项"人人享有"所需   单位:%
财政投入占 GDP 的比重

	2008 年现值	2012 年目标值 （差距缩 50%）	2015 年目标值 （差距缩 80%）	同等水平 国家平均值
社会救助	0.63	1.01	1.24	1.4
住　房	0.1	0.55	0.82	1.0
教　育	3.48	4.0	4.28	4.5
医疗卫生	1.2	1.6	1.84	2.0
社会养老	0	0.7	1.12	1.4
五项合计	5.41	7.86	9.30	10.3

按照这一方案，我们估算了 2009～2015 年期间每年需要的财政支出和通过两条渠道筹资的收入（见表 1.2，其中金额均为 2008 年不变

价）。在"十一五"前三年基本保障财政投入增长幅度高出经常性财政支出增长幅度 6 个百分点左右，因此假定在 2009 ~ 2015 年期间基本保障财政支出增幅高出 5 个百分点是合理的。那么在这种情景下，每年需要额外填补的资金缺口在 3000 亿 ~ 5500 亿元之间。

表 1.2 "十二五"期间基本实现五项"人人享有"所需年度财政支出和收入来源

年份	当年 GDP（亿元，假设年增长率 8.5%）	所需财政投入（亿元）	筹资渠道			
			财政基本保障正常投入（亿元，假设一般财政支出年均实际增幅 13%，财政基本保障支出增幅高出 2 个百分点）	需要国有资产收益等填补的缺口（亿元）	财政基本保障正常投入（亿元，假设一般财政支出年均实际增幅 13%，财政基本保障支出增幅高出 5 个百分点）	需要国有资产收益等填补的缺口（亿元）
2008	314000	14790	14790	0	14790	0
2009	340000	20476	17008	3466	17452	3024
2010	368900	24476	19559	4917	20593	3883
2011	400257	29008	22493	6515	24300	4708
2012	434278	34134	25867	8267	28674	5460
2013	471192	39297	29747	9550	33835	5462
2014	511243	45091	34209	10882	39926	5165
2015	554699	51587	39340	12247	47113	4474

注：（1）用 GDP 平减指数处理，2000 ~ 2008 年财政支出实际年均增长 13.9%。（2）2005 ~ 2008 年基本保障财政支出年增幅高出一般财政支出增幅 6 个百分点。

（三）通过增加划拨国有资产来填补我国财政投入缺口合理可行

我国的国有资产从性质上讲是属于全体国有的，从积累历史来看，主要也是来自全体国民。因此，应该取之于民、用之于民。另外，国有股权在很多垄断性行业中所占比例过高，适当减持也不会影响国家的控制力。

据匡算，通过适当提高中央所属企业红利上缴比例和出售部分新增资产，每年可以筹集 5000 亿元左右支持基本保障体系建设。如果将国有企业红利上缴比例提高到 20% 左右，则 2009 年可从国务院国资委管理的中央企业新增分红 1000 亿元左右，从中央所属金融类企业取得分红 500 亿元以上。另把中央所属实体企业每年国有资产增值的一半拿出来出售，可以获得 2500 亿元（按账面价值出售）到 3750 亿元（按保守的市场价值出售）的收入。在证券市场出售少量的金融类企业的国有股，2009 年至少可以获得 500 亿元的收入。上述资金合计，总额为 4500 亿 ~ 5750 亿元。2010 ~ 2015 年，随着经济的增长和国有资产的进一步增值，每年可以获得的收入肯定更多。除了实业类国有企业分红之中一部分可用于国有企业本身的改制重组之外，上述收入的绝大部分都应用作中央政府的基本保障投入。

另外，随着基础设施和公用事业设施领域改革的推进，许多设施正在或者将要实行半商业化甚至全商业化运营，一些项目甚至有可能在证券市场上市甚至出售，这些资产只要出售极少部分，就有可能每年使国家获得一定的资金。我国的自然资源和稀缺资源的特许使用权，都为国家所控制，也有可能通过使用制度的改革为国家带来资金收入。

四、2010 ~ 2015 年基本实现五项"人人享有"

为了逐步实现五项"人人享有"，我国应该加大财政投入，缩小我国财政基本保障支出的比重与同等收入国家平均值的差距。比较现实的一种加大投入方案是，到 2012 年将我国与国外的差距缩小 50%，到 2015 年将差距缩小 80%。由于财政基本保障支出的比重有两个口径，一个是财政基本保障支出占财政总支出的比重，另一个是占 GDP 的比重，我们分别对逐步提高两个比重所释放的内需潜力进行了模拟。

（一）在财政支出中将基本保障支出占比从 2008 年的 38% 提高到 2015 年的 50.8%，年均可释放内需潜力 1.1 万亿元

对世界 26 个主要国家历史数据的测算表明，财政基本保障支出占财政总支出比重每增加 1 个百分点，居民消费占 GDP 比重将增加 0.2 个百分点。其中，增加社保和医疗支出的效果较为显著。

假设政府支出结构从 2010 年起，能逐步向同等发展阶段国家平均水平调整接近，且新增投入主要用于社会保障和医疗卫生。经初步模拟测算（结果见表 1.3），到 2015 年，我国居民消费率可以提高 4 个百分点左右，居民消费占 GDP 比重有望达到 40% 左右。以 2008 年 GDP 规模核算（假定经济实际增长率为 8.5%），2010 年将拉动居民消费净增加 0.44 万亿，而且拉动效应逐年增长，到 2015 年居民消费净增加约 2.1 万亿，2010～2015 年，简单平均各年可带动居民消费增加约 1.1 万亿。

表 1.3　　　　　　按政府支出口径测算对居民消费的拉动效应

年　份	基本保障占财政支出比重	居民消费率	净拉动居民消费（亿元）	GDP（亿元）
2008	38.0	35.3	0.0	314045.0
2009	40.0	35.9	2044.4	340738.8
2010	42.0	36.5	4436.4	369701.6
2011	44.0	37.1	7220.3	401126.3
2012	46.0	37.7	10445.3	435222.0
2013	47.6	38.2	13599.8	472215.9
2014	49.2	38.7	17215.1	512354.2
2015	50.8	39.1	21346.7	555904.3

注：财政口径含各类社保基金支出。

（二）在 GDP 中将基本保障支出占比从 2008 年的 5.4% 提高到 2015 年的 9.3%，年均可释放内需潜力 1.6 万亿元

按照 IMF 的一项研究，在经合组织国家中，基本保障支出占 GDP

的比重每增加 1 个百分点，居民消费率增加 1.5 个百分点。若将这一经验数据应用到我国，按照建议加大财政投入的过度方案，则 2010 年净拉动居民消费 0.68 亿，2015 年净拉动居民消费 3.2 万亿，平均各年拉动 1.6 万亿（详见表 1.4）。

表 1.4　　　　　　按 GDP 占比口径测算对居民消费的拉动效应

年　份	基本保障占 GDP 比重	居民消费率	净拉动居民消费（亿元）	GDP（亿元）
2008	5.4	35.3	0.0	314045.0
2009	6.0	36.2	3130.5	340738.8
2010	6.6	37.1	6793.3	369701.6
2011	7.2	38.1	11056.0	401126.3
2012	7.9	39.0	15994.4	435222.0
2013	8.3	39.7	20753.9	472215.9
2014	8.8	40.4	26206.9	512354.2
2015	9.3	41.1	32437.0	555904.3

因统计口径的细微差别，增加基本保障支出每年拉动的居民消费规模，按 GDP 口径测算拉动效应略大于按财政支出口径测算的拉动效应，前者反映的是拉动效应的最大水平。即使每年额外拉动的内需平均值是 1.1 万亿元，也可满足宏观经济因外需减少而对内需新增要求的 91.7%。

执笔人：贡　森　张文魁　陈昌盛

分报告一：改善公共服务是扩大内需和促进发展方式转变的有效途径

世界经济虽然已经度过了国际金融危机中最艰难的时期，经济开始出现复苏的积极迹象，但新增长点尚未形成壮大，加上贸易保护主义盛行，复苏的过程并非坦途。后危机时代，世界经济可能会进入一个相对低增长的时期，我国近年来高速增长的外需将放缓增速，如何促进内需增长并弥补外需出现的增长缺口，成为未来一段时间保持我国经济的平稳较快发展重要问题。同时，世界经济复苏并非简单回到危机前的世界，发达国家的消费模式在调整，我国的增长模式也必须作出调整。应对"需求缺口"和"结构调整"的双重挑战，要求我们必须将短期保增长和长期调模式结合起来，将扩大内需与促进发展方式转变结合起来，而关键在于促进居民消费合理增长。

（一）外需增长放缓，内需增长面临压力

1. 金融危机后外需增长将趋缓

目前世界经济整体虽然出现了企稳复苏的迹象，全球工业生产明显恢复，房地产市场止跌回升，虚拟经济背离实体经济的状况在逐步修正，金融系统功能逐步正常化，但由于这次国际金融危机的影响深远，复苏的过程注定不会一帆风顺。

第一，历史经验证明危机后的复苏并非坦途。根据 IMF 对二战以来全球 80 多次金融危机的研究，发现危机会使经济增长趋势平均下调 10%，而且一般会延续 7 年左右。而这次危机的影响范围和幅度都是二战以来最严重的，经济下调的幅度明显超过平均水平，其要恢复到危机前的增长轨迹，可能会需要更长的时间。

第二，发达经济体的新增长点尚在孕育之中。要彻底走出一场深

重的金融危机，关键在于出现新的经济增长点并成长壮大。新能源、生命科学、低碳技术，以及新信息技术等，虽然发展前景广阔，有望成为引领世界经济走出危机的增长点，但仍面临很大的不确定性，例如受到全球气候谈判进展缓慢影响等。至少到目前为止，短期内能否会出现具有全球规模意义的新产业，尚没有明显迹象。

第三，贸易保护主义可能阻碍全球复苏进程。大萧条给世界经济留下的一条重要启示就是，贸易保护主义不但救不了金融危机，而且会加重金融危机，延缓金融危机后复苏的进程。但每每遇到金融危机，不少国家还是出于国内短期利益考虑，实施以邻为壑的贸易政策。当前，贸易保护主义再次明显抬头，贸易争端增多，将成为阻碍经济复苏的重要因素。

诚然，世界经济一体化的趋势不会改变，全球价值链分工深化的进程也不会逆转，金融危机和短视的保护主义不可能阻挡全球化前进的洪流。但危机后世界经济的复苏不会仅仅恢复到危机前的世界经济，全世界经济格局和发展态势在后危机时代都将发生调整。发达国家居民消费模式调整，需求增长只能缓慢恢复，出口导向型国家过度依赖出口和投资增长的模式也面临调整，我国外需要保持"十一五"期间那样的高速增长也不太可能。后危机时代，世界经济可能将进入一段相对缓慢增长的时期，我国的外需增速放缓也将难以避免。

2. 外需缺口使内需增长面临压力

根据出口结构和非竞争性投入产出表计算，近年我国单位出口平均创造增加值率为 0.5，其中一般贸易出口单位增加值率为 0.7，加工贸易出口单位增加值率为 0.3；而单位消费和投资创造增加值率平均为 0.9。即 1 元出口（外需）平均可以创造 0.5 元的 GDP，1 元投资和消费平均可以创造 0.9 元的 GDP。换句话讲，由于增加值率差异，单位国内投资和消费创造的 GDP 为单位出口的 1.8 倍。

1978～2008 年，我国出口名义增速年均 23.8%，加入 WTO 以后 2001～2008 年平均名义增长 24.2%；而同期实际增速分别为 17.3%、

18.8%。受国际金融危机影响，2009 年我国出口较 2008 年明显下降，全年负增长 16% 左右。随着世界经济的企稳复苏，2010 年以后我国的出口将实现正增长，但增速将明显较历史水平放缓。

在金融危机后我国出口增长在 2009 年大幅下滑的基础上，如果假设我国出口仍能按照历史增长趋势增长，另一种假设则是金融危机后增速大幅下降，在 2010～2015 期间平均增长率为 12% 左右。根据 2008 年不变价数据，我们可以得到两种出口增长速度下的出口规模差异（见表 1.1），2010 年实际平均相差约 0.45 万亿，平均各年相差约 2.16 万亿。

表 1.1　　　　　出口下降可能产生的需求缺口匡算　　　单位：亿元

年　份	按历史平均增速增长的出口规模	危机后下降增速的出口规模	出口下降规模	出口下降拉动增加值下降规模	弥补需求缺口需要增加的内需规模	GDP	需求缺口占 GDP 比例（%）
2010	98759.61	94297.32	4462.28	2231.14	2479.05	369701.6	0.60
2011	115845.02	105613.00	10232.02	5116.01	5684.45	401126.3	1.28
2012	135886.21	118286.56	17599.65	8799.82	9777.58	435222.0	2.02
2013	159394.52	132480.95	26913.57	13456.79	14951.98	472215.9	2.85
2014	186969.78	148378.67	38591.11	19295.56	21439.51	512354.2	3.77
2015	219315.55	166184.11	53131.44	26565.72	29517.47	555904.3	4.78
累计平均	142909.25	186126.20	21561.44	10780.72	11978.58	441037.59	2.44

注：（1）按历史增速，出口平均实际增速为 17.3%。（2）2009 年出口增速约为 -16%，危机后 2010～2015 年假设平均实际增速为 12%。（3）从 2009～2015 年 GDP 假定平均增速为 8.5%。（4）均按 2008 年不变价计算，不考虑汇率因素。此方法的关键是先计算出口、投资和消费的增加值率。

假定 2010～2015 年经济增长年均保持在 8.5% 水平，经济增长由总需求增长决定，其他条件不变（静态需求缺口），则出口下降导致的增加值下降规模，2010 年达到 0.22 万亿，2015 年前各年平均达到 1.08 万亿。要弥补这一出口下降导致的需求缺口，根据内外需的增加值率差异，2010 年需要内需额外增长 0.25 万亿，2015 年前各年平均需要内需额外增长 1.20 万亿。在外需增速大幅下滑情景下，需要进一步挖掘我国内需增长的潜力。而从我国内需中投资和消费的关系看，投资增速已经很高，消费增长则长期相对缓慢，而且投资效率的提高也依赖消费的增长，所以，未来扩大内需的关键在于促进消费特别是居民消费加快增长。

（二）当前我国居民消费的特征和主要问题

1. 我国居民消费率偏低，而且近年下降速度过快

20 世纪 80 年代以来，我国消费率持续下降、投资率持续上升（见图 1.1）。在最终消费构成中，由于政府消费的比例相对稳定，消费率持续走低主要是受居民消费率持续下降所拉动。

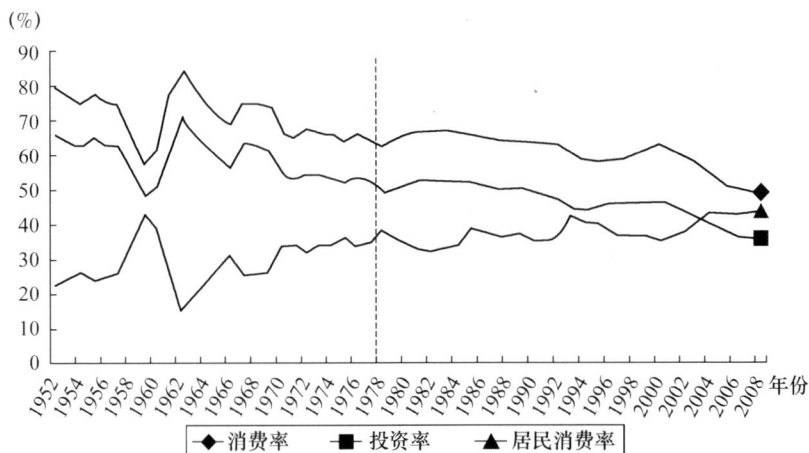

图 1.1 我国投资率、消费率和居民消费率的历史演变

资料来源：国家统计局。

从世界各国横向比较看，居民消费率世界平均水平一般为 60% 左右。其中，高收入国家为 60% ~ 65%，中等收入国家约为 55% ~ 60%，低收入国家一般高于 65%。而我国 2008 年仅为 35.3%，明显低于世界平均水平，也低于中等收入国家水平（见表 1.2）。

表 1.2　　　　　　　　　　居民消费率演变特征与比较　　　　　　单位:%

年　份	中　国	世界平均	中等收入国家	高收入国家
1965	65.19	—	—	60.7
1970	63.32	59.90	65.48	58.7
1975	62.29	59.81	61.82	59.4
1980	50.80	59.50	58.93	59.4
1985	51.60	60.18	61.40	60.1
1990	48.80	59.98	59.66	60.9
1995	44.90	60.73	59.39	61.1
2000	46.40	61.29	58.79	61.9
2005	37.70	61.13	57.11	62.1
2006	36.30	61.0	55.0	62.0

数据来源:国家统计局和世界银行。2008 年我国居民消费率为 35.3%。

从各国历史趋势看,居民消费率随发展阶段变化,呈现出"先降后升再趋于相对稳定"的特征。高收入国家居民消费率在经历过下降和上升阶段后,目前总体相对稳定。中低收入国家整体尚未进入上升阶段,但中等收入国家降中趋稳,低收入国家则仍处于明显下降阶段。近年来我国居民消费率变化符合中低收入国家下降阶段的规律,但下降速度过快、幅度过大。2000～2008 年,我国居民消费率从 46.4%下降到35.3%,降低了 11.1 个百分点,平均每年降低 1.5 个百分点。

从人均 GDP 与居民消费率的关系看,人均 GDP 在 3000 美元以下的国家居民消费率平均超过 70%;人均 GDP 为 3000～6000 美元的国家居民消费率平均为 60%左右。与此比较,我国居民消费率也低于相同发展阶段国家水平。另外,东亚地区由于文化等因素,与其他地区同等发展阶段国家相比,居民消费率一般低 5～6 个百分点。即使考虑到这一因素,我国居民消费率依然明显偏低。

2. 居民消费绝对量增长不慢,增速总体稳定,但相对于更快速的经济增长相对偏慢

从 1978～2008 年,我国居民消费平均实际增速 8.7%。仅从增速

看，我国居民消费增速其实并不慢，基本上每 8～9 年实际居民消费总额就翻一番（见图 1.2）。而且同投资相比，居民消费是我国需求增长中的稳定因素，改革开放 30 年中投资增长的波动方差为 56.8，而居民消费增长的波动方差仅为 9.8。但同期我国 GDP 平均实际增速为 9.8%，固定资产形成年均增长 10.4%，与此二者相比，消费增长分别慢了 1.1 和 2.7 个百分点。

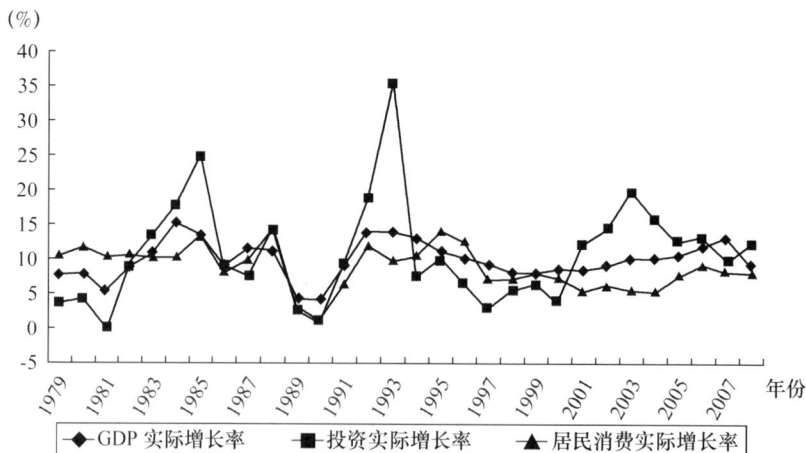

图 1.2　我国投资、居民消费和 GDP 的实际增长率

注：投资、居民消费实际增速用 GDP 平减指数处理。

从国际比较看，从 1990～2007 年我国的居民消费平均增长为 7.6%，比美国高出 4.4 个百分点，比世界平均水平和高收入国家水平分别高 4.7 和 5 个百分点，中国居民消费增速并不慢。但与我国更快速的经济增长比，同期 GDP 增速年均 10%，消费增长相对偏慢问题更加突出，年均相差 2.4 个百分点（见表 1.3）。这种增速的相对差距日趋积累，消费相对不足的问题便会由小的结构问题变为大的结构问题，进而反过来影响经济的协调发展。

3. 居民消费城乡和地区差距呈现不断拉大趋势

从城乡居民差距看，随着人均收入水平的拉大，城乡居民人均消费支出也呈现逐步拉大趋势，而且各项消费支出的差距比收入差距更为明

表 1.3　　　居民消费与 GDP 增速的国际比较（1990～2007 年）

国　家	居民消费平均增长率（%）	GDP 年均增长率（%）	增幅差（百分点）
中　国	7.6	10.0	−2.4
美　国	3.2	2.9	0.3
日　本	1.7	1.6	0.1
英　国	2.0	2.4	−0.4
德　国	1.5	1.9	−0.4
法　国	2.6	1.9	0.7
俄罗斯	3.6	0.3	3.3
巴　西	3.4	2.4	1.0
印　度	5.0	6.3	−1.3
世界平均	2.9	2.9	0.0
低收入国家	3.7	4.1	−0.4
中等收入国家	4.6	4.6	0.0
高收入国家	2.6	2.5	0.1

资料来源：世界银行数据库。受数据调整影响，根据我国统计数据计算，1990～2007 年居民消费实际年均增速为 8.3%，则与 GDP 增速差 1.7 个百分点。

显。城乡人均收入差距从 1990 年的 2.2 倍扩大到 2008 年的 3.3 倍，同期，城乡居民人均消费支出差距则从 2.2 倍扩大到 3.1 倍。从八大类消费支出看，除了交通通信差距在缩小外，居住类支出保持相对稳定，其他六项支出城乡差距都呈进一步扩大趋势（见表 1.4）。

表 1.4　　　　　　城乡居民人均收入与分项人均消费支出对比　　　　单位：倍

年　份	1990	1995	2000	2005	2006	2007	2008
城乡人均收入比	2.2	2.7	2.8	3.2	3.3	3.3	3.3
人均消费支出比	2.2	2.7	3.0	3.1	3.1	3.1	3.1
其中：食品	2.0	2.3	2.4	2.5	2.6	2.6	3.8
衣着	3.8	5.3	5.2	5.4	5.4	5.4	5.5
家庭设备及服务	3.5	3.8	5.0	4.0	3.9	4.0	4.0
交通通信	4.8	5.4	4.6	4.1	4.0	4.1	3.9

续表

年　份	1990	1995	2000	2005	2006	2007	2008
医疗保健	1.3	2.6	3.6	3.6	3.2	3.3	3.2
教育文化娱乐服务	3.6	3.2	3.6	3.7	3.9	4.3	4.3
居住	—	1.6	2.2	2.2	1.9	1.7	1.8
其他商品和服务	5.3	5.0	3.3	5.1	4.9	4.8	5.5

资料来源：《中国统计年鉴》。其中，农村居民人均消费 = 1。

从区域差距看，人均消费水平地区间的差距也比较明显，而且呈现持续扩大的趋势。在全国 31 个省区市中，人均消费水平最高地区与最低地区之比（最低地区人均消费水平 = 1）在 1993 年时为 5.3 倍，2007 年时已经扩大到 7.5 倍。同期，农村居民地区间的人均消费差距也由 2.8 倍扩大到 3.9 倍，城镇居民地区间人均消费的差距由 2.8 倍提高到 3.3 倍（见表 1.5）。

表 1.5　　　　　居民人均消费水平最高地区与最低地区对比　　　　单位：倍

年　份	全国居民	农村居民	城镇居民
1993	5.3	2.8	2.8
1995	5.2	2.8	2.8
2000	5.6	3.3	3.0
2001	5.6	3.4	3.0
2002	5.7	3.7	3.1
2003	5.7	3.5	3.0
2004	6.0	3.7	2.8
2005	6.1	3.0	2.7
2006	7.2	3.8	3.0
2007	7.5	3.9	3.3

资料来源：《中国统计年鉴》。其中，最低地区人均消费水平为 1。

4. 居民绝对收入水平增长偏慢，平均消费倾向下降，是导致居民消费率持续下降的直接原因

随着我国经济持续快速增长，我国居民收入水平不断提高。但是，

相对于 GDP 和人均 GDP 的实际增速，城镇居民和农村居民收入水平的实际增长明显偏慢（见表 1.6）。1978～2008 年，人均 GDP 实际年均增长 8.6%，而同期城镇居民可支配收入和农村居民人均纯收入实际增速分别为 7.7% 和 6.8%，比人均 GDP 实际增速分别低 0.9 和 1.8 个百分点。近年来这一差距进一步扩大。与 2000～2008 年人均 GDP 年均 9.5% 的增速相比，城镇居民和农村居民实际收入增速分别低 1.9 和 4.2 个百分点。由于同期人口增长因素，居民人均收入实际增速与 GDP 实际增速的差距则更大。

表 1.6   居民人均可支配收入与 GDP、人均 GDP 实际增长率的差   单位:%

实际增长率	GDP	人均 GDP	城镇居民人均可支配收入	农村居民人均纯收入
2003	10.0	9.4	7.2	3.3
2004	10.1	9.4	4.0	4.7
2005	10.4	9.8	7.3	6.8
2006	11.6	11.1	8.2	6.4
2007	13.0	12.5	9.1	7.5
2008	9.0	8.4	6.7	7.2
1978～2008	9.8	8.6	7.7	6.8
1998～2008	9.8	9.1	7.5	4.6
2000～2008	10.2	9.5	7.6	5.3

注：城镇居民可支配收入和农村居民纯收入的实际增长率用 GDP 平减指数得到。

在绝对收入增速偏慢的同时，居民平均消费倾向持续下降。从 1995～2008 年，城镇居民平均消费倾向从 82.6% 下降到 71.2%，农村居民则从 83.2% 降到 76.9%。根据不同收入水平分组情况看，平均消费倾向下降的趋势也同样明显。其中，城镇居民五等份收入组的平均消费倾向均出现不同程度的下降；农村居民的平均消费倾向则呈现先上升后下降的趋势。

5. 收入分配格局不合理是导致居民消费不足的主要原因

（1）初次分配中劳动者报酬占比明显偏低，居民绝对收入水平偏低，消费能力不足。从收入法 GDP 看，在初次分配中劳动者报酬占比从 1995 年的 51.4% 下降到 2007 年的 39.7%。虽然统计口径调整可以解释部分下降原因，但即便考虑这一因素，劳动者报酬占比偏低、下降过快等问题依然比较突出。伴随居民绝对收入占比的下降，近年来我国储蓄率的不断上升，主要是企业储蓄上升的结果。1992 年企业储蓄率为 13.3%，近年超过 20%。某种程度上而言，居民部门不是消费相对少了，而是收入和消费能力相对降低了。

从国际比较看，在初次分配中我国劳动者报酬占比明显低于发达国家当前水平。世界重要经济体的劳动者报酬在 GDP 中的份额近年一般介于 50% ~57% 之间，比我国 2007 年 39.7% 的水平高约 10 ~17 个百分点。就特定发展阶段看，国际经验有两个特点，一是工业化加速推进特别是重化工业阶段，劳动者报酬占比会相对偏低，并伴有少数年份下降，但持续下降现象少见。例如日本、韩国在其重化工业阶段，劳动者报酬占比也曾出现过低于 40% 的年份，但没有出现过长期持续下降。二是无论是老牌英美工业化国家，还是二战后的工业化国家，初次分配中劳动者报酬占比始终是各要素中占比最高的，而且工业化进程中该比例总体呈上升趋势，并随工业化完成而趋于稳定。我国劳动者报酬占比偏低，一定程度是发展阶段的体现，但自 1995 年以来的持续下降问题不能简单用发展阶段来解释。

（2）收入分配不公，差距过大，抑制居民消费。城乡间、行业间、人群间收入分配不公、差距过大，既影响社会稳定，也是影响我国居民消费增长的突出原因。

第一，城乡居民收入差距扩大导致城乡消费差距呈拉大趋势。我国政府近年十分重视三农问题，出台了一系列支农、惠农政策，城乡差距拉大的趋势虽然得到了一定遏制，但依然比较突出。1985 年，城镇居民人均可支配收入为农村居民人均纯收入的 1.86 倍，到 1995 年上升为 2.71 倍，2007 年达到 3.33 倍的高位，2008 年略有下降但仍为 3.31 倍。从分组数据看，2008 年城镇居民高收入户人均可支配收入是低收入户的 5.7 倍，农村高收入户人均纯收入是低收入户的 7.5 倍，而城镇高收入户人均可支配收入则是农村低收入户人均纯收入的 23.1 倍。另外，从衡量收入分配的基尼系数看，农村和城镇各自的基尼系虽然近年都有所上升，但都低于 0.4 的水平，明显低于全国基尼系数。这都说明我国居民收入分配差距主要表现为城乡差距，反映到消费领域则是城乡居民消费差距呈拉大趋势。

第二，行业间收入差距日益突出。改革开放初期，我国各行业间收入水平差异不大，最高与最低之比为 1.8 倍。随后呈逐步扩大趋势，2000 年达到 2.63 倍。据人力资源和社会保障部统计，目前，电力、电信、金融、保险、烟草等行业职工的平均工资是其他行业职工平均工资的 1～3 倍，如果再加上工资外收入和职工福利待遇上的差异，实际收入差距可能在 5～10 倍之间。除了行业特征和技术密集等合理因素外，当前我国行业间的收入差距主要是垄断因素导致的。

第三，二次分配未发挥应有的收入调节效果。从二次分配结果看，居民初次分配收入与最终可支配收入比较变化不大，居民部门收入状况基本没有明显改善，收入调节主要表现为企业收入向政府部门的转移。与此同时，我国基尼系数仍在上升，1990～2007 年基尼系数从 0.35 上升到 0.47。2008 年最高 20% 的收入组所占收入相当于最低 20% 收入组的 8.3 倍。这说明二次分配既没有在总量上改善居民部门的收入状况，也没有在结构上缩小收入分配差距，只是一定程度上遏制了差距拉大的速度。收入分配格局不合理，差距扩大，高收入者消费意愿不足，低收入者消费能力不足，必然影响整体消费的增长。

6. 政府公共服务供给不足不仅挤占了居民消费，而且严重影响了消费者预期

国际经验表明，随着一国发展水平的提升，政府公共服务支出在政府支出中的比重呈现逐步上升趋势（见表 1.7）。特别是人均 GDP 在 3000 美元至 10000 美元阶段，随着居民消费逐步由耐用品消费向服务消费升级，公共服务在政府支出中的比重将显著提升。以教育、医疗和社会保障三项主要公共服务为例，国际平均升幅达到 13 个百分点。其中，教育支出保持相对稳定，而医疗和社会保障支出分别大幅增加了 4

个和 10.7 个百分点。当人均 GDP 超过 1 万美元后，政府公共服务支出
占比将逐步趋稳。

表 1.7　　　　　政府公共服支出比重与人均 GDP 的关系　　　　单位:%

人均 GDP（美元）组别	医疗卫生占政府支出比重	教育占政府支出比重	社会保障占政府支出比重	三项之和
0 ~ 3000	8.7	13.2	20.8	42.7
3000 ~ 6000	12.2	12.6	29.2	54.0
6000 ~ 10000	12.7	11.4	31.5	55.7
10000 ~ 20000	13.8	12.9	27.7	54.4
20000 以上	13.4	12.7	32.7	58.9
中国（2008 年）	4.4	14.4	18.9	37.7

数据来源: IMF 和中国财政年鉴，社保支出包含各种基金支出。

虽然经过近年持续加大投入，我国政府公共服务支出总体仍然不
足。2008 年教育、医疗和社会保障三项公共服务支出占政府总支出的
比重合计只有 37.7%，与人均 GDP3000 美元以下国家和人均 GDP3000
~6000 美元国家相比，分别低 5 和 16.3 个百分点。其中，医疗支出比
重分别低 4.3 和 7.9 个百分点；社会保障支出比重分别低 1.9 和 10.3
个百分点。我国医疗和社会保障支出不足问题十分突出，在主要经济体
中仅略高于印度的水平。我国政府教育支出总量尽管达到了较高水平，
但也存在资源分布不均衡等问题。

由于政府公共服务支出总体不足，迫使居民用自身的收入来支付快
速增长的教育、医疗、社保等支出，不仅挤压了居民的其他消费增长，
而且强化了居民的谨慎预期，降低了居民消费倾向。以 2007 年为例，
我国城镇居民用于教育的消费支出比重为 6.4%，而发达国家平均水平
不到 4%。其中，德国和英国分别为 1.1% 和 1.5%，美国和日本分别为
3% 和 4.2%。我国城镇居民用于医疗卫生消费支出比重为 7%，而发达
国家平均不到 5%。公共服务具有明显的收入再分配作用，政府公共服
务支出不足成为我国收入分配不合理和居民消费率下降的重要原因。

　　总之，我国居民消费不足、储蓄偏高，确实有发展阶段、人口结构、传统文化等多方面的因素，但主要原因还在于居民总体收入水平偏低、分配格局不合理、产业结构层次低、城市化质量偏低、政府职能转变不到位等方面。其中，政府职能转变滞后、公共服务职能发挥不足是当前一个比较突出的问题。

（三）积极推进和完善"基本公共服务体系"战略工程

　　在我国努力促进发展方式转变和建设和谐社会的进程中，面临诸如内外需不平衡、投资消费结构不合理、城乡间地区间发展不平衡、居民收入差距偏大、资源环境约束增加等挑战和问题，都与我国当前存在的两对突出矛盾密切相关：一是居民日益增长的公共服务需求与公共服务总体供给不足、质量偏低之间的矛盾；二是市场经济体制逐步建立完善对政府职能的新要求与政府职能转变缓慢之间的矛盾。公共服务是维护社会基本公平的基础，其常常发挥着社会矛盾的"缓冲器"作用。强化政府公共服务职能，加快改善我国公共服务状况，有利于缓解我国当前经济社会中面临的各种突出矛盾，有利于加快促进发展方式转变，顺利推进和谐社会建设，具有十分紧迫和重要的现实意义。

　　公共产品的性质决定其通过政府（集体）提供的效率会更高，需要政府履行更多更大的责任。如果政府不提供基本公共服务，而由私人部门自身提供，将降低整个社会的效率。而且公共服务支出不仅仅是福利消费，也是一种投资，一种投资性的福利消费。例如增加教育、医疗、培训等公共支出本身是对人力资本的积累和投资。加快完善基本公共服务体系，也就是加快建立投资性福利体制，将有利于支撑创新型国家的推进，有利于增加劳动力市场的流动性，有利于增强国家长期竞争力。

　　1. 改善公共服务是提高居民消费和扩大内需的可靠途径

　　第一，政府公共服务对居民消费支出具有替代效应。私人产品和公共服务都是居民消费中必要构成，特别是随着居民收入水平达到一定阶段后，居民对公共服务消费的需求越来越迫切。如果政府不提供必需的公共服务，居民将不得不自我负担政府应该承担的支出责任，这必将压缩居民的支付能力和消费空间。而政府增加公共服务支出将会减轻居民自身负担率，释放其购买能力，用于其他消费，增加其他需求。对居民而言，这种替代的实质相当于居民自己可支配收入的增加，公共服务支出增加对居民部门存在收入效应。

第二，增加公共服务支出对居民消费具有明显挤入效应。理论和经验证明，公共服务对居民消费不仅有替代作用，更有补充拉动作用，即挤入效应。特别是效优类公共品（医疗、公共教育等），政府增加这些公共服务支出，一方面可以提高服务提供的效率，另一方面，这些服务会产生正的外部性，并派生出其他许多新的额外需求。另外，更为重要的是，公共服务（例如社保）可以明显改善居民消费的谨慎预期，减少居民对未来支付能力的不确定性。这些都将最终促进居民提高消费倾向，增加消费支出。

第三，基本公共服务是调整对收入分配差距十分有用的手段。公共服务是实现社会基本平等和稳定的基础，是收入分配中最基本的公平对象，其在群体间和个体间发挥着同一"起跑线"或"踏板"的重要作用。只有实现基本公共服务的最大公平，保证个人"基本能力"培育的平等，才能使人们真正享受追求自我价值实现的自由。从国际经验看，公共服务供给与一国的收入分配公平度呈正相关关系（见图 1.3），而且公共服务供给中均等化程度越高，越有利于收入分配的改善，有利于全体居民共享发展成果。

第四，政府增加和改善公共服务可以增加就业。国际经验表明，一国公共服务支出水平与公共部门[①]就业人员规模成正比（见图 1.4），公

---

① 公共部门在各国的定义并不完全一样，就业统计口径也有所不同。当前，国际通常接受的"公共部门"包括以下几个组成部分：（1）各级政府机构。（2）各级社会保障经办机构。（3）所有由政府控制和主要由政府拨款的非市场、非营利机构（公立学校、公立医院等，有些国家统计也包括军队），这三者被合称为广义政府（General Government）。2007 年，以国际上通用的广义政府指标计算，我国公共部门就业人员占总就业人口的比重为 5.2%，明显低于 OECD 国家平均17% 左右的水平，也低于亚洲 6.3% 平均水平（日本为 7%）。应该说，增加公共服务对我国适当增加公共部门就业确有一定空间。

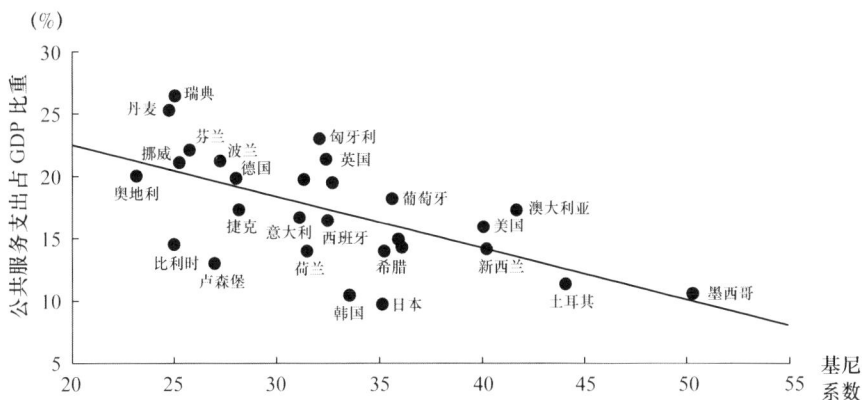

图 1.3　部分国家公共服务与收入分配的关系

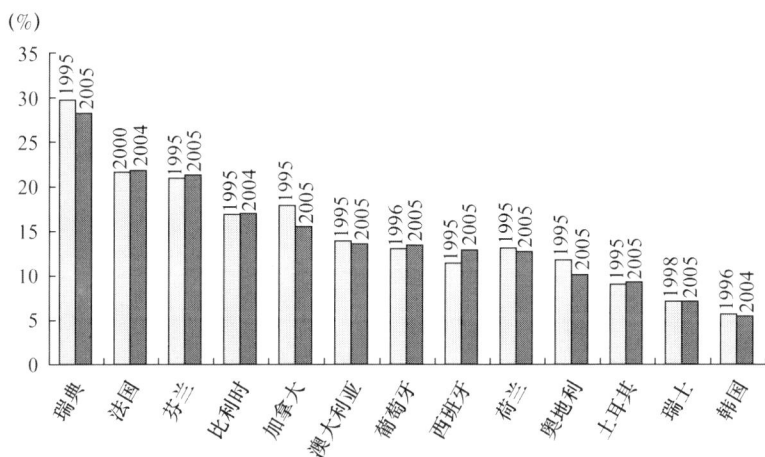

图 1.4　部分国家公共部门就业人员占总就业人数比例

共服务供给范围越宽、保障水平越高的国家，公共职能部门吸纳就业的能力越强。而且诸如教育、社保、医疗、就业等公共服务，特别是有利于增加女性就业。增加这些公共服务的投入，不仅有利于创造就业，而且有利于增加女性参与就业的比重，有利于整体增加居民收入，促进居民增加消费。

2. 改善我国公共服务可以释放的强大内需潜力

（1）增加公共服务支出对释放私人消费有较大作用。随着一国发展阶段的提升，居民消费结构升级呈现出先由"非耐用品消费向耐用品消费"，再由"耐用品消费向服务消费"升级的两阶段特征。国际经验表明，特别是当人均 GDP 进入到 3000～10000 美元的发展阶段，居民消费结构升级的第二阶段特征将十分明显，居民对公共服务的需求也迅速增加。在这一发展阶段内，增加政府公共服务支出（见图 1.5），有明显和积极的收入分配效应，不仅有利于增加居民消费，而且有利于推进和加快居民消费结构第二阶段升级的进程，为经济增长提供持续的动力。

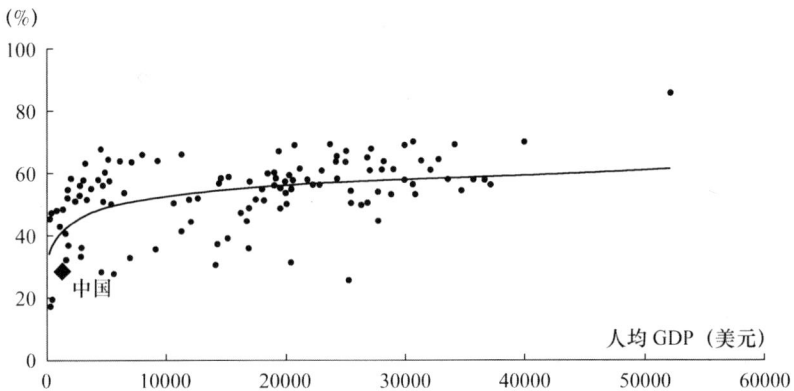

图 1.5 公共服务支出比重与发展阶段的关系

在既定政府支出规模下，减少政府投资规模，增加政府消费特别是公共服务消费，总体有利于提高居民消费。根据世界 26 个主要国家历史数据测算表明，政府公共服务支出占政府总支出比重每增加 1 个百分点，居民消费占 GDP 比重将增加 0.2 个百分点。其中，增加社保、医疗和教育支出的效果较为显著。

第一，政府社会保障支出比重每提高 1 个百分点，居民消费率约可提高 0.27 个百分点。而且政府对社保支出的增加并没有降低居民对此方面的支出，反而有利于增加居民对社保的支出。

第二，政府医疗卫生支出每增加 1 个百分点，居民消费率将增加 0.22 百分点，同时居民自身对医疗卫生支出增加 0.13 个百分点。

第三，政府教育支出对居民教育支出具有比较明显的替代作用，政府增加教育支出会相应降低居民直接教育支出，但居民会因此增加更多的其他消费支出，总体上也有利于提高居民消费总水平。

（2）给农民工市民化公共服务待遇是释放需求潜力的重要途径。2008 年，我国城市人口 6.07 亿人，城市化率达到 45.7％，"十一五"期末将达到 47％。从国际经验看，相对于我国的工业化程度和人均 GDP3200 美元的发展水平，城市化进程偏慢，而且更为严重的是城市化质量偏低。在城镇居住 6 个月以上（含 6 个月）的人口即统计为城市（常住）人口，包括在城镇打工 6 个月以上的农民工。截至 2009 年 6 月底，我国外出农民工规模大约为 1.5 亿，农民工总规模大约为 2.4 亿[1]，纳入城镇人口统计（对城市化率有贡献）的农民工大约为 1.23 亿[2]。广大农民工虽然进了城，是统计意义上的"城镇人口"，但由于没有真正的城市居民身份，不能享受相应的基本保障和公共服务，其消费预期和消费行为与城市居民完全不同。部分农民工收入水平虽然已经达到城市居民水平，但他们却不敢模仿城市居民的消费模式。广大农民工候鸟般在城乡间迁徙，使我国的城市化某种程度上是"半拉子"、质量不高的城市化。这种城市化模式不仅影响了农民工的消费预期，减少了当期消费，而且阻碍了城乡差距缩小的进程，阻碍了农民工特别是二代农民工的人力资本积累，进而影响我国总需求水平和经济增长的速度和质量。

如果政府能有序推进农民工市民化，逐步取消户籍制度与公共服务之间的挂钩，假设每年能使约 5％的农民工实现市民化转变（享受城镇居民身份人口净增 1000 万），享受相应的教育、医疗、住房等与城市居民相同的公共服务，则通过 DRC－CGE 模型模拟，发现这将使我国

---

①　农民工总数根据 2008 年的结构推算。2008 年 12 月 31 日，我国全国农民工总数为 22542 万人，其中外出农民工为 14041 万人，占农民工总量的 62.3％（国家统计，2009）。

②　根据 2006 年调查数据，农民工每年外出打工平均时间为 8.4 个月，其中外出打工时间 6 个月以上的占比为 81.8％（盛来运，2008）。

2010～2015 年期间的经济增长率平均上升约 1 个百分点。

表 1.8 农民工市民化经济增长速度和规模的影响模拟 单位:%，亿元

		2010	2011	2012	2013	2014	2015
GDP 增速 （%）	基准情景	8.54	8.81	8.65	8.38	8.51	7.97
	市民化情景	9.60	9.79	9.58	9.23	9.32	8.73
	变化（百分点）	1.06	0.98	0.92	0.86	0.81	0.76
GDP 规模 （亿元）	基准情景	369748	402316	437129	473745	514078	555060
	市民化情景	373350	409908	449158	490631	536362	583167
	变化（亿元）	3602	7592	12028	16885	22284	28107

注：GDP 以 2008 年不变价计算（2008 年数据按照第 2 次经济普查以后的数据为基准）。

数据来源：根据 DRC－CGE 模型模拟得到。

仅这一个重要途径，可以在 2010 年净新增 0.36 万亿增加值，相当于弥补约合 0.72 万亿外需缺口；2015 年净增加值 2.8 万亿，相当于弥补 5.6 万亿外需缺口；2015 年前各年平均净新增 1.5 万亿增加值，平均可以弥补 3 万亿外需缺口。即仅农民工市民化一项政策就基本可以弥补外需下降产生的需求缺口。模拟发现，农民工市民化可以促进居民消费和固定资产投资增长，降低经济增长对出口的依赖程度；而且农民工市民化还可以提高服务业比重，优化经济结构；促进人口转移，缩小居民收入差距。加速推进农民工市民化是促进我国发展方式转变的重要途径。

（3）提高公共服务支出整体水平有利于挖掘内需潜力。根据公共产品的竞争性和排他性的特点，增加效优类（Merits goods）公共服务支出，对居民消费行为影响最大，对扩大内需和调整经济结构可以发挥直接作用。2007 年我国政府支出分类改革后，政府各项支出按功能划分，增强了与国际数据的可比性。我国公共服务与发达国家或相同发展阶段国家比较的差距，目前最突出的表现是医疗、社保投入明显不足[1]。2008 年我国医疗卫生支出占财政支出比重为 4.4%，社保与就业

---

① 我国教育投入水平总体并不低，最突出的问题是投入不平衡、均等化程度差。

支出占财政支出比重为 18.9%，此两项合计占比为 23.3%，比人均 GDP3000~6000 美元阶段国家平均 41.4% 的水平，低了整整 18.1 个百分点。

按财政支出占比口径，假设政府支出结构从 2010 年起，能逐步向同等发展阶段国家平均水平调整接近，到 2015 年我国医疗卫生、社保与就业两项支出占财政支出比重逐步上升到 33%（平均每年上升 1.6 个百分点左右），同时保持教育的持续投入，并不断提高均等化水平。经初步模拟测算，到 2015 年，我国居民消费率可以提高 4 个百分点左右，居民消费占 GDP 比重有望达到 40% 左右。以 2008 年 GDP 规模核算（假定经济实际增长率为 8.5%），2010 年将拉动居民消费净增加 0.44 万亿，而且拉动效应逐年增长，到 2015 年居民消费净增加约 2.1 万亿，2010~2015 年，简单平均各年可带动居民消费增加约 1.1 万亿。

表 1.9 　　　　　　　按政府支出口径测算对居民消费的拉动效应

年　份	公共服务占财政支出比重（%）	居民消费率（%）	净拉动居民消费（亿元）	GDP（亿元）
2008	38.0	35.3	0.0	314045.0
2009	40.0	35.9	2044.4	340738.8
2010	42.0	36.5	4436.4	369701.6
2011	44.0	37.1	7220.3	401126.3
2012	46.0	37.7	10445.3	435222.0
2013	47.6	38.2	13599.8	472215.9
2014	49.2	38.7	17215.1	512354.2
2015	50.8	39.1	21346.7	555904.3

注：财政口径含各类社保基金支出，数据四舍五入。

若按 GDP 占比口径，基本保障型公共服务占 GDP 比例由 2008 年的 5.4% 逐渐提高到 2015 年的 9.3% 的水平，则 2010 净拉动居民消费 0.68 亿，2015 年净拉动居民消费 3.2 万亿，平均各年拉动 1.6 万亿。注意，因统计口径的细微差别，增加基本保障支出每年拉动的居民消费规模，按 GDP 口径测算拉动效应略大于按财政支出口径测算的拉动效应，前者反映的是拉动效应的最大水平。

表 1.10　　　　按 GDP 占比口径测算对居民消费的拉动效应

年　份	公共服务占 GDP 比重（%）	居民消费率（%）	净拉动居民消费（亿元）	GDP（亿元）
2008	5.4	35.3	0.0	314045.0
2009	6.0	36.2	3130.5	340738.8
2010	6.6	37.1	6793.3	369701.6
2011	7.2	38.1	11056.0	401126.3
2012	7.9	39.0	15994.4	435222.0
2013	8.3	39.7	20753.9	472215.9
2014	8.8	40.4	26206.9	512354.2
2015	9.3	41.1	32437.0	555904.3

　　我国正在加速推进的工业化和现代化进程，惠及到 13 亿人口，人口规模超过已经实现工业化国家的总和，是人类历史上空前的壮举。随着国民经济持续快速发展和居民收入水平的提高，我国市场规模不断扩大，成为全球增长潜力最大的单一内部市场，立足于国内市场需求，发展我国经济具备得天独厚的条件。而且由于二元经济和城市化的特征决定，我国居民消费结构升级的两阶段特征将在很长时间内同时并行，耐用品消费和服务类消费的增长空间都十分广阔，潜力巨大。未来一段时间，我国扩内需的关键在于促进居民消费增长，只要有序推进农民工市民化，稳步提高公共服务支出，改善公共服务供给，就足以挖掘出强大国内需求潜力，以弥补外需下降产生的需求缺口，而且还有利于我国经济结构调整优化，有利于发展方式的实质性转变，有利于经济在更长时期内、以更加平衡的方式实现平稳较快增长。

执笔人：陈昌盛

分报告二：应优先保证全民均等享有五项基本保障

本报告使用的基本保障，指的是居民个人可以分别享受的基本公共服务和社会保障，包括党的十七大报告所提出的面向全民的"五有"，即学有所教、劳有所得、病有所医、老有所养、住有所居，以及我国政府一直高度重视的面向贫困人群的"贫有所助"。由于"劳有所得"主要是通过市场机制实现，本报告重点讨论在教育、医疗卫生、住房、供养和救助等五个方面由国家提供的基本保障。

（一）"十一五"时期基本保障体系建设存在的突出问题

党的十六届五中全会、六中全会和党的十七大都把实现基本公共服务均等化摆在重要位置。十七大又将"努力使全体人民学有所教、劳有所得、病有所医、老有所养、住有所居"列为全面建设小康社会的主要奋斗目标。并且中央在"十一五"期间还提出了加快城乡社会保障体系建设的指导方针："广覆盖、保基本、多层次、可持续"。"十一五"时期，基本保障体系建设取得了很大成绩，主要是制度空白不断减少，保障人数稳步增加。但是，制度碎片化、执行难、不公平的现象以及公开透明不够、财政投入不足和宏观调控不力的问题依然存在。

1. 填补制度空白依然沿袭了分人群设计、分地区实施的做法

"十一五"期间，我国逐步实现了农村和城市学龄儿童以及农民工随迁子女的免费义务教育。中央政府新出台的保障制度主要有城镇非从业居民基本医疗保险制度、农村居民最低生活保障制度和新型农村社会养老保险（以下简称"新农保"）制度。另外，以廉租住房为重点的城镇住房保障制度的对象范围从最低收入群体扩展到低收入群体，同时将农民工纳入城镇职工的工伤保险和基本医疗保险制度的大病统筹部分。

尽管各类保障制度覆盖的人群范围大幅度扩展，但是不同人群的制度安排仍然存在较大差别。以基本医疗保障为例，城镇职工基本医疗保险采取社会统筹和个人账户相结合的模式；城镇居民基本医疗保险和新农合实行的却是社会统筹和家庭账户相结合的办法；农民工大病保险只建统筹基金，不设个人账户；一些地区的国家公务人员仍然沿用公费医疗制度等。这些制度的保障重点基本都是大病医疗费用，但规定的报销比例有很大差别。

"十一五"期间，除城镇职工基本养老保险基金有望实现省级统筹外，多数保障基金的统筹平衡及补助的责任主体仍然是县（市）级政府，且政府社会保障支出的大头来自地方财政。以 2008 年为例，虽然在住房保障、养老保险和低保等财政支出项目中，中央财政补助资金占到 60% ~ 70%，但是在教育、医疗卫生等财政支出大项中，中央财政投入不到 30%。平均下来，中央财政基本保障支出占全国财政基本保障支出的比重在 30% 左右。

在现有的基金统筹平衡体制下，流动人口的基本权益得不到充分保障。对于不用地方财政出资的社会保险制度，覆盖流动就业人员基本上没有障碍。但是多数地方财政对出资保障外来人口还是有疑虑。最近国务院决定，从 2010 年起，实施全国统一的城镇企业职工基本养老保险关系转移接续制度。但是，由于地方利益保护问题，外来人口的保险关系和基金的全面转移，以及异地就医的费用报销却非常困难。

2. 政府社保投入迅速增加，但与同等收入国家相比差距仍然很大

从 2005 ~ 2008 年，财政社会保障（包括医疗卫生和住房）支出从 8810.50 亿元增加到 18831.54 亿元，年均递增 28.7%，高于同期财政总支出的增速 6 个百分点，从而使财政社会保障支出占全国财政支出的比重从 26.0% 提高到 30.0%。但根据 2009 年 1 ~ 11 月的国家财政支出数据推算，这一增长势头在 2009 年会有所减缓[①]。

虽然近年来国家财政持续增加投入，我国基本保障领域的政府支出

---

① 根据《中国统计年鉴（2009）》和 2010 年《政府工作报告》计算。

占政府总支出的比重仍低于同等收入国家的平均值。按照 IMF 的政府收支宽口径（包括社会保险基金全部收入和支出），2007 年人均 GDP3000～6000 美元的国家的基本保障（包括教育、医疗卫生和住房）支出占政府总支出的比重平均为 54.0%[①]。而 2008 年我国这一比重在 38.0% 左右。两者相比，我们低了约 30%。

2008 年，同等收入国家财政基本保障支出占 GDP 的比重是 10.3%，而我国这一比重只有 5.41%，两者相比我们低了 47.5%。具体来看，五个领域的差距不等。在教育领域，中等收入国家财政性教育支出占 GDP 的比重在 4.5% 左右[②]，而 2008 年我国只有 3.48%。在医疗卫生领域，世界卫生组织统计的 55 个中等收入国家的 2006 年卫生总费用占 GDP 的比重平均为 6.0%，其中 2 个百分点是来自国家一般性财政预算；[③] 而我国 2008 年相应的数据分别是 4.6% 和 0.9 个百分点[④]。在住房领域，2000～2005 年世界 40 个主要国家和地区的财政投入占 GDP 的 1% 左右，且下中等收入国家这一比重一般都高于 1%[⑤]；而我国 2008 年的这一比重不到 0.1%。在老年供养领域，发展中国家财政用于社会养老金的支出占 GDP 的比重在 1.4% 左右[⑥]，而 2008 年我国财政还没有这项支出。在社会救助（包括部分物价补贴，不含住房）领域，2007 年 87 个发展中国家的财政支出占 GDP 的比重大多在 1%～2% 之间，中位数是 1.4%[⑦]；而我国 2008 年的这一比重是 0.63%。因此，在

---

① IMF. 2008. Government Finance Statistics Yearbook, 2008. Washington, DC.

② 王善迈：《优先发展呕须投入保障》，《中国教育新闻网－中国教育报》，2009 年 1 月 13 日。

③ WHO（International Health Organisation）. 2006. World Health Report 2006. Geneva.

④ 卫生部卫生经济研究所：《中国卫生总费用研究报告（2009）》。

⑤ 刘志峰：《发展经济租赁房是健全城镇住房保障体系的重要举措》（http：//cppcc. people. com. cn/GB/34961/120830/120952/7151756. html）。

⑥ Asher, M. 2008. "Chapter 6：Social Pensions in Four Middle－Income Countries." In Holzmann, Robert, et al.（eds.）Closing the Coverage Gap：The Role of Social Pensionsand Other Retirement Income Transfers. Washington DC；World Bank.

⑦ Weigand, C. and Margaret Grosh. 2008. "Levels and Paterns of Safety Net Spending in Developing and Transition Countries." Social Protection Discussion Paper. Washington, DC；World Bank.

教育、医疗卫生、住房保障、社会养老和社会救助上的财政支出，我们与国外同等收入国家的差距分别相当于 GDP 的 1.02、0.8、0.9、1.4 和 0.77 个百分点。

3. 基本保障实际覆盖人数稳步快速增长，但未实现应保尽保和准确施保

2003～2008 年，学龄儿童净入学率从 98.9% 上升到 99.5%，小学升学率从 98.1% 上升到 99.7%。但是初中生的辍学率还很高[①]。各项社会保险的参保人数逐年快速增长，但强制推行多年的城镇职工社会保险只覆盖了城镇从业人员的 30%～55%。相反，近几年出台的新农合和城镇居民基本医疗保险等自愿性制度，参保率却高达 90% 以上和 66%。其原因是：农民工等非正规就业人员的工资水平较低，且就业不稳定，而城镇职工社会保险的缴费标准偏高，且保险关系的转移、接续难；自愿性保险的高参保率则主要得益于高比例的财政补贴交费。

城乡低保以及廉租住房和经济适用房制度，都存在着不容忽视的错保和漏保问题。救助对象确认难的原因在于社区组织推荐方式的局限性（如优亲厚友，公开性、透明度不够等），以及政府部门基层管理机构的能力欠缺，很难进行准确的收入和财产调查。

4. 多项制度设计的保障标准偏高，而实际待遇又达不到目标

目前我国城镇职工基本养老保险制度设计的替代率（替代退休前工资收入的比率）为 60%，高于很多经合组织国家的水平。机关事业单位退休金的目标替代率更是高达 80%～90%。从保障内容来看，我国各项基本医疗保险制度确定的基本药品目录都在 2000 种以上，并且资金向大病、重病过度倾斜。另外，一些地方的保障性住房的面积过大。总体来看，我国多项制度的设计保障水平偏高。

---

① 蒋中一、戴洪生：《降低农村初中辍学率和义务教育体制的改革》，《中国人口科学》，2005 年第 4 期。

但是在实际运行中，很多制度的保障水平又明显低于目标水平。由于个人账户基金记账利率远低于工资增长率，城镇职工基本养老保险的实际替代率在50%以下。由于对医疗服务提供者的硬约束不够或监管不力，城镇职工基本医疗保险住院费用的实际报销比例平均不到70%，大大低于90%左右的设计水平。

5. 不同地区、不同人群和不同制度之间的社会分配不公的现象很普遍

从起点和机会公平来看，教育不公现象还很普遍。在义务教育阶段，优质资源的分配很不均衡，导致择校现象屡禁不止。在高等教育阶段，来自农村家庭的学生在"211"高校学生中所占比例不合理地下降。

从多劳（缴）多得或者同等缴费同等享受的绩效公平来看，机关事业单位与企业退休待遇之间、低保与失业待遇之间、新农合不同收入群体的受益之间都存在不公平问题。机关事业单位职工平均工资与正规企业职工平均工资相差不大，但前者在职时个人不需缴纳养老保险费，且退休金明显高于后者。在低收入家庭中，以户为单位计算的低保金通常高于一个人就业获得的最低劳动收入。因此在部分低收入人群中出现了宁愿不就业或者不领失业保险金，而选择全家领取低保金的现象。新农合的参保率虽高，但低收入家庭由于支付不起分担费用而难以使用合作医疗基金，中高收入家庭反而成了新农合的主要受益群体。国家审计报告显示，住房公积金也存在类似的逆向再分配问题。

从同等满足个人基本生活的需要公平来看，城乡低保标准的设计以及地区间基本养老金的调整都存在不公平问题。在2008年地方确定的低保标准中，全国城市平均为每人每月205.3元，全国农村平均为每人每月82.3元。农村贫困居民的生存标准只相当于城市贫困居民的40%。地区之间基本保险待遇的差距也在扩大。以城镇企业退休人员基本养老金为例，2009年，湖南省由914元/月提高到1024元/月，增幅12.0%；广东省从1193元/月增至1413元/月，增幅18.4%。

6. 现行基本保障制度设计难以适应社会经济条件变化的需要

一是大规模人口流动和就业方式多样化。我国正处于工业化、城镇化的快速发展阶段，人口流动性大，职业流动频繁，灵活就业有日益增多的趋势；但针对流动人口和流动就业人员的社会保障制度安排却很薄弱。目前面临较大制度缺口的群体主要是农民工及其他城镇非正规就业者。特别是农民工，在居住城市没有户籍，不能享受常住地的低保、廉租住房和医疗救助，也很难参加基本养老保险、失业保险和生育保险，其随迁子女还不能同等接受义务教育。

二是收入初次分配的差距很大和方式多样化。我国的直接税制度和管理很不完善，调节居民间收入分配的作用有限。这对社会保障的调节作用提出了更高的要求。而工薪收入占国民收入的比重日益下降，现行社会保障过度依靠工薪收入筹资的局限性突出，而新的筹资渠道不多且没有制度化。

三是人口老龄化和家庭小型化。老年经济保障制度和医疗保障还不健全，又面临着一两千万卧床老人的生活照料问题。家庭小型化对家庭护理和家庭合住的传统模式都提出了挑战。

四是全球贸易和投资的变化。在国际贸易增速减缓的背景中，出口企业的成本压力上升，影响从业人员工资的增长和社会保险的扩面。国际资本市场的波动加大，影响社会保障积累基金的投资运营。

（二）"十二五"期间基本保障体系建设的目标和方针

党的十七大提出的基本保障奋斗目标是与我国经济发展水平相适应、符合我国基本国情的战略选择，应分项逐步落实。并且，"十二五"期间我国有能力优先保证城乡居民均等享受免费的义务教育和中职教育、少量收费的基本医疗卫生服务，以及符合条件的家庭均等享有最低生活保障和适当住房救助和符合条件的个人享有社会养老安排。另外，现行加快推行基本保障体系建设的"十二字"方针也是合理可行的，不过需要根据现阶段的主要问题和矛盾进行适当调整和补充。具体建议和理由如下。

1. 优先保证人人享有义务教育和中职教育、基本医疗卫生服务、适当住房救助、低保和社会养老安排

根据国际劳工组织的研究[①]，在基础教育之外，所有的国家都有必要和可能实行最基本的社会保障，以确保每位居民享有基本医疗卫生服务、每个儿童享有不低于贫困线的收入保障、所有贫困和失业人口享有社会救助以及每位居民享有不低于贫困线的老年保障。这样既有利于保障和改善民生，又可以促进人力资本的积累，以及社会经济发展的良性循环。

考虑到我国绝大多数家庭对儿童的责任感以及控制人口生育水平的基本国策，我们建议的优先保障项目不包括普惠式的儿童津贴。另一方面，由于我国的房价收入比偏高，我们建议增设面向低收入家庭的适当住房救助。最低生活保障和基本医疗卫生服务可以大幅度提升人力资本。适当住房救助对低收入家庭是生活必需品，可以显著改善困难群体的生活环境和健康素质。基本养老保障则不仅是一种人道主义措施，而且有助于年老体弱的劳动者退出市场，为人力资本和生产效率较高者腾出有限的就业岗位。

2. "十二五"期间，我国具备经济条件实现五项"人人享有"

按最新的经济普查资料，2008年我国人均GDP的现价和2000年不变价分别是3407美元和2050美元。按GDP年增长率8%计算，2013年我国人均GDP的现价和不变价将分别超过5000美元和3000美元。从海外经验看，即使不考虑人民币升值因素，我国"十二五"中期的国民经济实力也可以支持人人享有义务教育和中职教育、基本医疗卫生服务、最低生活保障、适当住房救助和社会养老安排。

（1）2003年，主要中等收入国家就做到了使5岁儿童平均能够接

---

① ILO. 2008. "Can low - income countries afford basic social security?" Social Security Policy Briefings Paper 3. Geneva：ILO.

受 13.5 年的教育。参与世界教育指标监测的中等收入国家有 19 个，包括中国。2003 年，这些国家的人均预期受教育年限从 9.8 ~ 17.6 年不等，中位数为 13.5 年，其中我国的人均预期受教育年限只有 11 年左右①。经过 10 年左右的时间，到 2013 年我国应该有能力达到中等收入国家的平均教育水平。考虑到我国高等教育质量偏低和大学毕业生就业难的问题以及产业结构等基本国情，新增的受教育年限应主要依靠降低初中生的辍学率和大力发展中等职业教育。

（2）2008 年，实行最低生活保障的发展中国家的人均 GDP 在447 ~ 9300 美元，均数为 3518 美元（现价）。我国的最低生活保障制度，国外一般称为最低收入保证制度。除经合组织成员国外，20 来个国家建立了这项制度，其中主要是东欧和苏联国家，以及非洲的莫桑比克、赞比亚，亚洲的巴基斯坦②。由于没有找到这些国家开始实施最低收入保证制度的起始年份，我们对他们 2008 年的人均 GDP 进行了比较和计算。他们的人均 GDP 从 447 美元到 9300 美元不等，平均值为 3518 美元。

（3）有关国家和地区大规模提供公共住房保障时③④，人均 GDP 在 2250 ~ 6000 美元，均数为 4000 美元（2000 年不变价）。英国政府从第一次世界大战开始大规模介入住房保障，在 1914 ~ 1939 年期间参与建设了 130 万套保障性住房。德国多个大城市在 1925 ~ 1930 年期间开创性地建设公共住房。1929 年，为了摆脱"大萧条"的影响，美国联邦政府制定了住房建设和解决中低收入人群住房问题的一系列政策，1937 年联邦政府首次资助地方政府建设公共住房。在 20 世纪 50 年代，法国

---

① 中国教育科学研究所国际比较教育研究中心：《中国教育竞争力报告》，《中国教育新闻网 - 中国教育报》，2009 年 11 月 27 日。

② Weigand, C. and Margaret Grosh. 2008. "Levels and Paterns of Safety Net Spending in Developing and Transition Countries." Social Protection Discussion Paper. Washington, DC: World Bank.

③ 聂曙光，聂光宇：《国外住房保障制度对我国的启示》，《经济纵横》，2007 年 5 月刊创新版。

④ 谢树锋，庞永师：《国内外住房保障体系比较及其启示》，《广州大学学报（社会科学版）》2008 年第 9 期。

政府发起了一项宏大的城市建设计划，其中包括廉租住房建设。这些国家当时的人均 GDP 在 3500～5000 美元。

一些东亚国家和地区大规模提供公共住房时的经济水平相对较低。港英当局从 20 世纪 50 年代开始建立住房保障体系，1960 年香港地区人均 GDP 在 3080 美元左右。1955 年日本出台了《住宅公团法》，1960 年发布《居民区改造法》，之后地方政府进行城区改造可得到中央财政的补贴。50 年代中期日本的人均 GDP 在 3200 美元左右。新加坡在 1960 年成立建屋发展局，负责建造和分配面向中低收入者的公共组屋，当时新加坡的人均 GDP 在 2250 美元上下。在 1980 年初，韩国政府决定在 1982～1986 年期间建造 146 万套住房，以缓解住房难问题，当时韩国的人均 GDP 在 3500 美元左右。

（4）2008 年，实行全民基本医疗卫生服务的发展中国家的人均 GDP 在 1000～9300 美元，均数为 4663 美元（现价）。截至 2008 年底，全球有 24 个发展中国家和地区实现全民基本医疗卫生服务。其中人口在 100 万以上的国家和地区有 19 个，它们的人均 GDP 从 1000 美元到 9300 美元不等，平均数为 4663 美元。

（5）2008 年，实行非缴费性养老金制度的发展中国家的人均 GDP 在 441～9654 美元，均数为 4675 美元（现价）。据不完全统计，2008 年有 13 个发展中国家向部分或全部老人提供非缴费性养老金，又叫社会养老金[①]。受益人是通过年龄标准确认的，有些国家辅以收入条件。这些发展中国家的人均 GDP 从 441 美元到 9654 美元不等，其平均数是 4675 美元。

3. 我国财政和国有资产有能力支持实现五项"人人享有"

（1）实现五项人人享有，我国需要新增相当于 GDP 4.9% 的财政投入。根据前面的计算，在教育、医疗卫生、住房保障、社会养老和社会

---

① Asher, M. 2008. "Chapter 6：Social Pensions in Four Middle – Income Countries." In Holzmann, Robert, et al. （eds.） Closing the Coverage Gap：The Role of Social Pensionsand Other Retirement Income Transfers. Washington DC：World Bank.

救助上的财政支出，我们与国外同等收入国家的差距分别相当于 GDP 的 1.02、0.8、0.9、1.4 和 0.77 个百分点。因此，我国财政基本保障支出缺口大约相当于 GDP 的 4.9%。

由于积累基金应付老龄化在国际上是有争论的，我们在估算基本养老安排所需财政补贴时，就没有包括城镇职工基本养老保险做实个人账户的资金需求。况且我国企业年金和新农保已经是积累制的，另外全国社会保障基金也是一笔不小的战略储备，实在没有必要在城镇养老保险个人账户中再积累一大笔钱。

（2）我国财政和国有资产有能力解决新增投入问题。最基本住房保障财政支出的缺口，可通过增加土地出让金收益分成或开征物业税来解决。目前全国每年新增城镇人口大约是 1000 万人，国家土地部门安排的城乡建设用地人均在 100 平方米左右（2020 年拟达到 127 平方米），两者相乘可得到现阶段每年新增城镇建设用地为 10 亿平方米。如果从每平方米土地出让金中额外拿出 300 元，用于廉租住房等保障性住房，则可新增收入 3000 亿元，大约相当于 2009 年 GDP 的 0.9%。如果增加土地出让金净收益分成有困难，那么开征物业税的部分收入可以是一个替代性的筹资渠道。

基本医疗卫生服务财政支出的大部分缺口，可以从每年正常新增的财政支出中解决。我国政府已经承诺近 3 年新增 8500 亿元财政投入，用于支持医药卫生体制改革。如果既有安排能够落实且能够在 3 年后延续下去，那么国家财政卫生支出缺口的 80% 可以得到解决，还有相当于 GDP0.22% 的缺口需要额外筹资。

其余的财政支出缺口，基本可以通过划拨国有资产收益和出售部分国有资产来解决。

单就央企来看，如果将国有企业红利上缴比例提高到 20% 左右，则 2009 年可从国务院国资委管理的中央企业新增分红 1000 亿元左右，从中央所属金融类企业取得分红 500 亿元以上。另把中央所属实体企业每年国有资产增值的一半拿出来出售，可以获得 2500 亿元（按账面价值出售）到 3750 亿元（按保守的市场价值出售）的收入。在证券市场出售少量的金融类企业的国有股，2009 年至少可以获得 500 亿元的收入。上述资金合计，总额为 4500 亿元到 5750 亿元，约相当于 2009 年 GDP 的 1.5%。今后 5~6 年，随着经济的增长和国有资产的进一步增值，每年可以获得的收入肯定更多。除了实业类国有企业分红之中一部分可用于国有企业本身的改制重组之外，上述收入的绝大部分都应用作中央政府的基本保障投入。

除了央企资产划拨，地方所属国有企业（包括基础设施和公用事业设施）的资产划拨，每年也能使国家获得一定的资金。我国的自然资源和稀缺资源的特许使用权，都为国家所控制，可以通过使用制度的改革为国家带来资金收入。另外，在节支方面，适当控制公务消费也可以腾出不少财政资金。

4. 在"十二五"期间，应将指导方针调整为"全覆盖、保基本、缩差距、易转续"

不再保留"多层次"和"可持续"，主要是由于它们分别是"全覆盖、保基本"的必然要求和结果。其他调整的含义和理由如下：

（1）将"广覆盖"微调为"全覆盖"，适应我国社会经济条件的变化。随着经济实力的增强，我国政府有能力帮助城乡全体居民获得主要的基本保障。同时，"全覆盖"也适应多种就业和分配形式，符合劳动待遇和公民权益相结合的发展方向。当然，制度安排上的"全覆盖"不等于说实现百分之百的覆盖率。由于某些制度上的自愿性质和政府管理能力的局限，即使在发达国家实际覆盖率也只能是接近理想目标。

（2）坚持"保基本"的方针，但各项保障标准要与全国总体经济水平相适应。为了解决职业、地区间基本保障水平差距偏大的问题，要将"保基本"的适用范围提升到全国层面。保障标准的设计，主要考虑全国总体的经济发展水平及相应的基本生活需要，在此基础上再兼顾不同地区经济发展水平以及由此导致的基本生活需要的差别。

（3）"缩差距"中的差距，既包括财政投入上我们与其他国家的差距，也包括国内地区间、不同人群间待遇上的差距。如果地区间、不同人群间各项基本待遇水平上的差距继续扩大，我国社会保障制度本身就会失去意义。"十二五"期间虽然不可能完全消除待遇上的差别，但是只要继续缩小财政投入上我们与其他国家的差距，政府就有能力缩小不同地区间、不同人群间服务条件和基本待遇上的差距。当然，在低保等制度上，可以先行消除不合理的城乡待遇差别。

（4）"易转续"，就是要着力解决保障资格和待遇在不同职业、不同地区之间转移接续难的问题。在快速城市化阶段，转移接续问题直接影响上亿流动就业人口、职业转换人员及其家属的基本保障待遇的连续性，必须进一步研究解决。在兼顾人口流出地和流入地利益的基础上，国家有责任保证公民在跨制度、跨统筹地区流动就业时的合法权益不受损害。

（三）"十二五"期间完善基本保障体系的主要措施

"十二五"期间实现基本保障体系目标的基本思路是积极渐进和缩小差距。在制度模式和待遇标准上不求"大一统"，要继承渐进改革和拾遗补缺的既往做法，同时要积极推进同类制度的"小一统"以及不同制度之间的相互协调，防止制度上的进一步"碎片化"。要制定基本保障国家标准、加大财政投入和中央调控力度，实现优先项目和重点内容的全覆盖和应保尽保，同时要缩小地区间、人群间基本待遇上的差距，积极探索制度整合，为今后的"大一统"打下良好的基础。切不可因为制度不完善不愿投入，也不要因为担心"福利刚性"而踌躇不前。

1. 审订和发布基本保障国家标准，对社会保障管理机构和相关服务机构进行相应的问责

根据国家的整体实力，确定基本保障国家标准，包括优先项目（如基本生活、基本住房、基本卫生服务）、重点内容（如最低生活、老年人的基本生活、适当或最基本住房、基本医疗卫生服务）和保障水平（如替代率、面积、报销比例）。国家标准应广泛征求意见并向全

社会公布，更重要的是要成为对管理和服务机构的问责工具。同时，要将财政新增社保投入，主要用于保证国家确定的重点内容、缩差距和保公平。

2. 发挥公有制为主体的优势，多渠道筹资，将财政中基本保障支出的比重，提高到50%以上，且新增投入用于促公平

"十二五"期间，应将国家财政（包括社会保险基金）总支出中社会保障支出所占比重与国际平均值的差距缩小80%，即从2008年的38%提高到2015年的50.8%。为了实现这一目标，财政基本保障支出的年均增幅要高于经常性财政支出增幅5个百分点左右，略低于"十一五"前三年的投入力度。应通过新增财政收入、新增土地收益等预算外收入、新增国有资产收益划拨等渠道额外筹资，并与社会保险基金收入一起纳入当年的财政预算。

3. 加大中央基本保障支出份额，健全中央转移支付，同时建立全国社会保险风险调剂基金

由于我国经济发展和基本保障水平的地区、城乡差距很大，以及庞大流动人口的长期存在，有必要继续加大中央财政基本保障投入力度。在"十二五"期末，要将中央财政基本保障支出在全国财政基本保障支出（含社会保险基金）中所占的比重，从目前的30%左右提高到40%以上，争取达到50%。同时，为了防止福利依赖和提高财政资金的使用效果，中央转移支付要注意调动地方、企业（集体）和个人自我努力的积极性，要以全覆盖、保基本和缩差距等为前置条件。另外，要尽可能分项目厘清中央和地方的支出责任。比如，在住房保障方面，中央财政可承担建筑成本，地方财政承担土地成本。再比如，在社会保险方面，中央主要对低收入劳动者、非正规就业者、中小企业从业人员参加保险提供一部分补贴和承担基础养老金支出。

在社会保险提高统筹层次的基础上，可以从地方统筹的社会保险基金中提取少量资金，用于建立全国社会保险风险调剂基金。主要是对支出风险较高的地区进行补偿，同时促进异地保险关系和公民权益的转移

接续。

4. 加快建立和积极利用社会保障管理服务国家信息系统，实行各类人群基本待遇增量联动

除了利用全国联网的信息系统，对管理服务机构进行监测和信息公开以外，还可辅助开展人群间基本待遇的调控。要建立增量联动、向低待遇群体倾斜的机制。对于各类群体在基本待遇上的差距，采取不动既得利益和存量、缩小增量差距的调控办法。具体做法是，在同一统筹地区的同一类制度中，低待遇群体的增幅要大于高待遇群体的增幅。

5. 对各项制度进行精细化设计和管理

（1）参保情况应成为外来人口均等享受公共服务和社会救助的阶梯。主要目的是鼓励参保，且有序地推进公民基本权益的保护。与买房入户相比，将参保年限作为基本权益保护的必要条件，更有利于国民经济的均衡和可持续发展。

（2）对于享受国家补助的人群，要通过提供特殊产品和服务来提高"瞄准率"。在新的权利义务体制下（即财政补贴增加、部分人群可以自选交费档次以及享受某些待遇时不用个人付费，同时要缩小不同收入群体间的待遇差距），对于不交费者或国家补贴交费者，应提供特殊产品和服务。由于特殊产品和服务的身份象征，只要设计适当，一定能起到引导真正困难人群"对号入座"以及防止中高收入者滥用的作用。

比如，有劳动力的低保户，部分低保待遇可采取食品券的形式发放；廉租住房只能是小户型的；不同交费者可以享受报销比例、医疗技术水平大体相同的诊疗服务，但是享受国家补贴者的住院生活设施可以差一些，如对于没有参保的住院者，只有住在12人以上的病房者才能享有基本免费的诊疗服务。

（3）城乡低保、廉租住房制度需要加强社会治理和机构能力建设。除了注意发挥特殊产品和服务引导受益人自我"对号入座"的作用，近期还要注意完善社区筛选办法，改善公示制度和增加透明度；中长期要实行家庭收入调查制度，由受过专业训练的社区工作者核实申报情况。

要增加社会救助管理机构的编制，这样既可以改善瞄准率，减少资金滥用，同时还可解决一部分大学毕业生的就业问题。

（4）基本卫生保健应成为基本卫生服务的重点内容，实行全民基本免费享受。目前我国三项医疗保险制度所定义的基本服务内容过宽，在既定的投入水平上难以得到更好的国民健康结果。在规定和鼓励全体国民参加保险的同时，要制定全民基本免费享有的基本医疗卫生服务，包括公共卫生重点服务、基层门诊所有服务，以及二、三级医疗的重点服务。基本免费是指个人在接受药品以外的基本医疗卫生服务时，不再支付任何费用。要求个人少量支付基本药品费用，是为了防止浪费。

（5）新农保制度需要推进改革试点。通过试点，解决个人交费的财政配比问题，以及基础养老金的定位问题。另外，要探索将新农保推广到城市非正规就业群体和居民的办法。

（6）多种保障制度需要加强统筹协调。将生育保险及有关生育保健纳入医疗保险，可以降低管理成本；还应考虑医疗救助与基本医疗保险的衔接和整合。此外，要重视低保、失业保险金和最低工资标准的衔接问题。

要加强经济保障和服务保障的协调。比如，在住房保障的初期或者说在住房供不应求的情况下，国外一般都由政府直接建房，而不是"补人头"的做法。

最后，要加强基本保障与多层次保障制度的协调。要通过税收优惠政策，鼓励企业年金、补充医疗保险等商业性保险的发展。在总结保险公司参与新农合管理的经验教训基础上，适当利用商业性保险公司经办部分社会保险业务。

（7）碎片化问题和不同人群的制度并轨需要探索试点。如机关事业单位退休制度、城镇企业职工基本养老保险以及新农保制度如何并轨，三项医疗保险制度如何并轨等，均需要通过试点来探索。

执笔人：贡　森

分报告三：利用国有资产加快建立较完善的社保体系

党的十七大指出，必须要在经济发展的基础上，更加注重社会建设，着力保障和改善民生，推进社会体制改革，扩大公共服务，完善社会管理，促进社会公平正义，努力使全体人民学有所教、劳有所得、病有所医、老有所养、住有所居，推动建设和谐社会。要加快建立覆盖城乡居民的社会保障体系，保障人民基本生活。要以社会保险、社会救助、社会福利为基础，以基本养老、基本医疗、最低生活保障制度为重点，以慈善事业、商业保险为补充，加快完善社会保障体系。并提出要采取多种方式充实社会保障基金。过去两年，各级政府朝着这个方向作出了巨大努力，取得了不小成就。但是，与十七大提出的要求相比，甚至与同等发展程度国家相比，我国的社保体系仍然比较薄弱。我国社保体系仍然比较薄弱有着十分复杂的原因，但不可否认的是，现有框架下资金不足是一个重要制约因素。我国急需转变发展方式，应该更多地依靠内需特别是居民消费需求，促进国民经济持续较快发展。加快建立较完善的社保体系，对于改善居民预期、扩大居民消费具有十分积极的意义。

（一）国有资产中隐含一部分社会保障积累

1. 国有资产存量巨大且每年增量超过万亿

一方面，现有框架下社保资金严重不足，另一方面，国有资产总量十分庞大且增长迅速。根据中国国有资产监督管理年鉴（2008）公布的数据①，截至 2007 年底，由国务院国资委管理的中央企业的资产总额达到 14.8 万亿，同比增长 20.5%；净资产 6.58 万亿，同比增长

---

① 《中国国有资产监督管理年鉴（2008）》，中国经济出版社 2008 年版。

22.1%。2002～2007 年，由国务院国资委管理的中央企业的资产总额年均增加 1.5 万亿元。

根据中国财政年鉴（2008）公布的数据①，在 1998～2007 年 10 年间，尽管全国汇编的国有企业数量从 23.8 万户下降到 11.2 万户，但资产总额从 13.5 万亿上升到 36.2 万亿，所有者权益从 5.0 万亿上升到 14.5 万亿；其中汇编的中央企业数量从 2.3 万家下降到 2.2 万家，资产总额从 5.2 万亿上升到 18.8 万亿，所有者权益从 2.4 万亿上升到 8.3 万亿（图 1.3.1）。

（万亿）

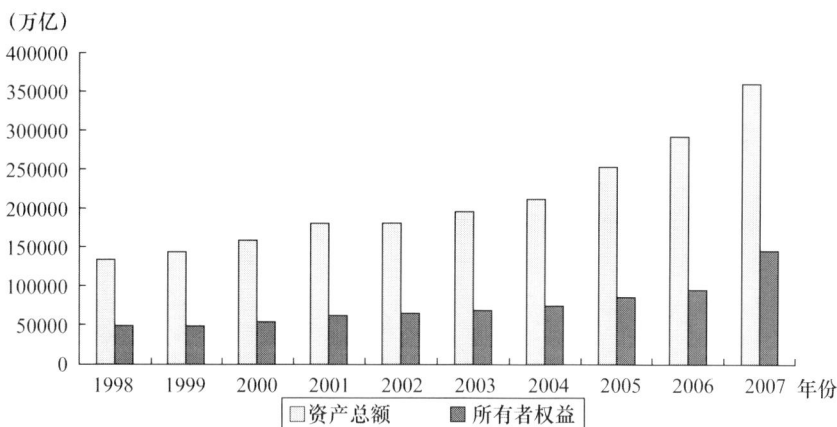

图 1.3.1　1998～2007 年全国国有企业资产总额和所有者权益

2. 国有资产增加的主要原因是积累增加

从中国财政年鉴（2008）公布的数据来看②，1998～2007 年 10 年间，国有企业所有者权益迅速增加的主要原因并不是实收资本的大幅度上升，而是转增资本金、资本公积和未分配利润的大幅度上升。1998 年的资本公积只有 1.8 万亿，而 2007 年的资本公积达到 4.1 万亿；1998 年的未分配利润为 −6005 亿，而 2007 年的未分配利润为 8557 亿。因此，国有资产迅速增值的最重要原因，是随着国民经济发展速度加快而导致的盈利增加和积累增加。也就是说，经济发展导致的国企效益上

①②　《中国财政年鉴（2008）》，中国财政杂志社 2009 年版。

（万亿）

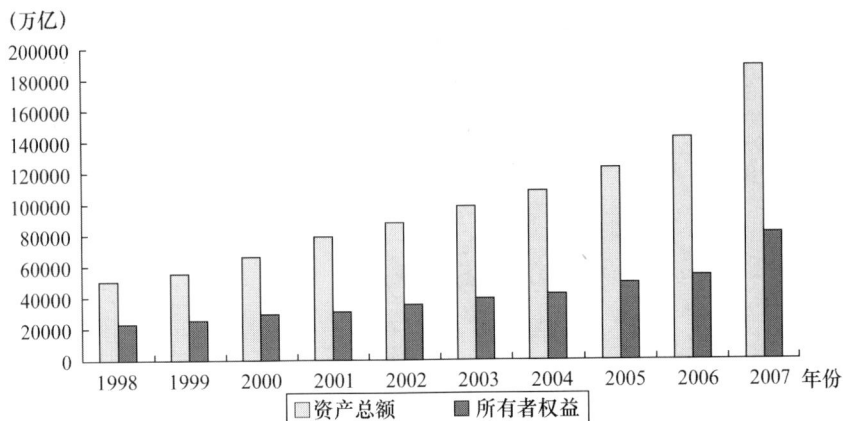

图 1.3.2　1998～2007 年中央国有企业资产总额和所有者权益

升并没有及时分配给国家，更没有让老百姓享有作为所有者应该享有的资本收益，而是留在企业不断打滚积累。

（万亿）

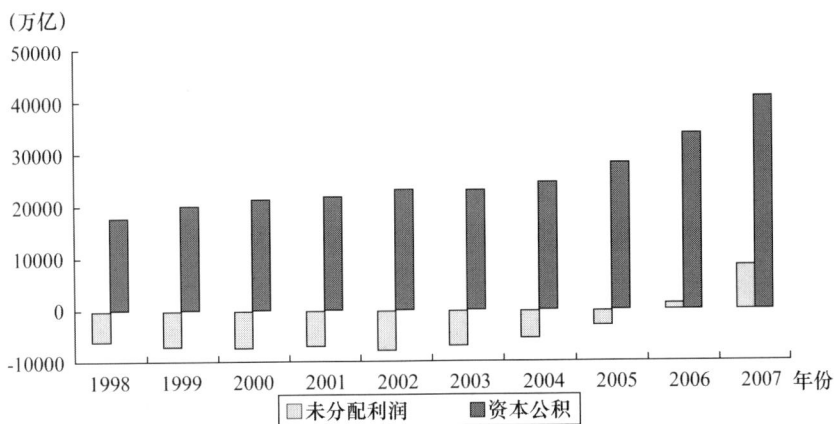

图 1.3.3　1998～2007 年全国国有企业未分配利润和资本公积

事实上，许多国有企业并不应该吝于分配而追求过度积累。目前，我国国民经济中消费率节节下滑而储蓄率节节上升，其中企业储蓄率特别是国有企业储蓄率太高是一个重要原因。国有企业过度积累使国有企业内部人掌握了太多的超过正常生产经营需要的现金。1998～2007 年10 年间，国有企业销售收入从 6.5 万亿上升到 19.5 万亿，利润总额从

213.7 亿上升到 17441.8 亿，现金流有了极大改善。国有企业现金流的极大改善一方面得益于 2002～2007 年之间国民经济的高速增长，另一方面也得益于 1998～2001 年之间国家救助国有企业的巨额投入。国有企业现金流的改观使国有企业自身增加了对现金的支配量，但对国家和国民的红利支付却远远不够。

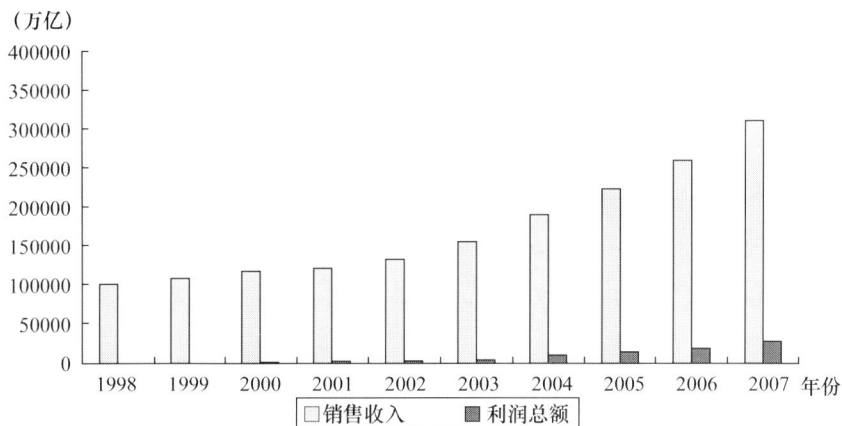

图 1.3.4　1998～2007 年全国国有企业销售收入和利润总额

国有企业吝于分配、过度积累和掌握太多的现金，会导致许多国有企业对现金流的使用采取非常激进的扩张态度。近年来，国有企业对固定资产投资、证券投资乃至金融衍生品交易都采取了十分激进的态度，与其现金太过充裕有很大关系。2009 年以来房地产市场许多"天价地"都被国有企业竞拍拿走，国有企业频频当起了"地王"，无疑也与其现金过于充沛有关，但这与国有企业的使命和主营业务方向是格格不入的。在 130 多家中央企业当中，目前有 80 多家企业涉足房地产业务，一方面不惜以天价拿地，另一方面连上缴 5%、10% 的税后红利也并不积极，说明它们的过度积累已经超出了主营业务的投资需要。

3. 国有资产中隐含职工社会保障积累和全民储蓄

其实，国有资产的积累从历史上来看，有一部分本身就属于职工的保障性储蓄形成的资产。在计划经济时代，由于国家并没有建立相对独立的社会保障体系，国家对国有企业职工实行低工资、全保障政策，国有企业的经济剩余当中有相当一部分本来应该支付给职工或者用于为职工建立社会保障体系，但在当时体制下全部用于积累从而形成了越来越多的国有资产。一些经济学家早在十几年前就已经指出了国有资产当中有相当一部分是因为职工低工资而积累起来的为职工养老做储备的资产[①]，因此应该把一部分国有资产配置给养老、医疗等社会保障性质的基金持有，不但有助于国有企业破除职工的"铁饭碗、铁工资、铁交椅"，还能实现国有企业的股权多元化。

同时，我国的国有资产更隐含了全民储蓄而形成的资产。我国国有经济体系基本上是在一穷二白的基础上建立起来的，在新中国建立后相当长时期里，农民通过工农产品剪刀差等方式，向国有工业体系提供了巨额的资金支持。根据中共中央政策研究室等部门专家的测算[②]，在1950～1978年29年间，国家通过工农产品剪刀差从农民身上获得了5100亿资金，农业税收入也达到了978亿，而同期财政支农支出为1577亿，也就是说，国家从农民身上净获得4500亿元。在那个时候，4500亿元无疑是一个天文数字。这些资金大部分都用于支持国有工业体系的建设。因此，我国国有资产的形成，有相当一部分是来自于农民提供的积累。即使在1978年之后，农业仍然在向工业体系提供大量的隐形资金支持。根据农业部官员透露的估算数据[③]，改革开放以来存在三个新剪刀差，即金融存贷剪刀差、征地价格剪刀差、工资剪刀差，其中国家通过征地价格剪刀差从农民手中拿走了20000亿以上，这些资金当然不是全部流向了国有企业、形成了国有资产，但至少有一部分是这样。而且，在改革开放前，许多国有企业占用了大量的农村土地，这些

---

① 刘世锦：《中国国有企业的性质与改进逻辑》，《经济研究》，1995年第4期。

② 中共中央政策研究室课题组：《农业保护：现状、依据和政策建议》，《中国社会科学》，1996年第1期。

③ 万宝瑞：《新农村建设时长期发展方向和紧迫现实任务》，《农民日报》，2006年4月22日。

土地现在正在被计入国有资产而且在非常急速升值，这也是农民对国有资产的贡献。

因此，我国巨量国有资产当中本来有相当一部分是职工和全社会的投入和积累而形成的资产，属于职工和全社会的隐形的保障性积累，只不过在很长时间里他们的保障性积累没有实行基金化，所以无法从数量上进行分割，更无法进行实际支付。

即使不考虑国有资产当中实际包含了职工和全社会的隐形的保障性积累，国有资产本身也由全民终极所有，全民应该能够享受到国有资产带来的收益。但是，很长时间以来的放权让利使国有企业的资本收益与全社会越来越没有关系，这一方面当然有利于国有企业的休养生息和保护国有企业的经营积极性，另一方面也出现了内部人独享国有资产收益的情况。2003 年以来的国有资产管理体制改革在一定程度上改变了这种状况，通过国有资本经营预算等方式开始收缴国有企业的红利，但目前还处于试行阶段，还有待于进一步完善，以使国有资产收益和国有资产积累在不影响企业正常经营和可持续发展的情况下惠及普通国民。

（二）国有资产可以提供多少资金支持

1. 社保支出的财政压力日益增大

现有框架下我国社保资金严重不足是客观事实，但是资金缺口到底有多大，有各种测算且差距巨大，因为测算时对未来的支付标准判断不一。20 世纪 90 年代末，世界银行和一些国内机构对我国养老资金缺口进行了测算，如果考虑做实个人账户，按照最低支付标准测算的远期缺口也达到了 3 万亿之巨，而原劳动与社会保障部发布的报告称，未来二十多年我国的养老资金缺口将达到 6 万亿左右。考虑到城镇职工养老金标准的逐年提高、城镇居民养老保险覆盖范围的不断扩大、农村居民养老保险的迅速启动，我国养老资金缺口将是一个不小的数字。同时，我国医疗卫生体制改革正在推进，医疗保障资金缺口也将凸显。

在目前框架下，我国社保资金缺口由财政来负担。根据《中国财政年鉴（2008）》公布的数据[1]，1998～2007年，全国财政当年共支出社会保障资金从596亿元上升到5447亿元，年均递增27.9%，占当年财政总支出的比重从5.2%上升到10.9%（见图1.3.5）。由于社会保障资金宽裕的只有少数地区，中央财政对许多地方都支付了社保补助资金，2007年安排企业职工基本养老保险补助资金893亿元，安排新型农村合作医疗补助资金114亿元。一些地方的基本养老资金经常出现赤字，需要当地财政资金弥补。

(%)

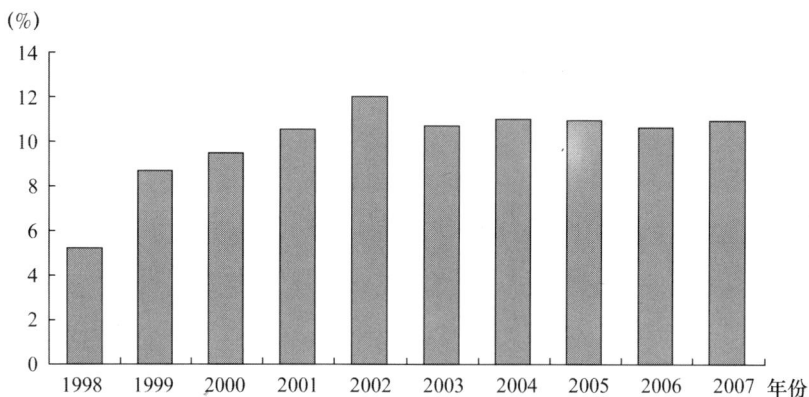

图1.3.5　社会保障总支出占财政总支出比重

2. 国有资产可以用于建立较完善的社保体系

我们要建立更完善的社保体系，财政支出的压力很大。在这种情况下，我们完全可以利用国有资产来缓解这种压力。我国总量庞大的国有资产以及巨额的经营收益完全有可能用于建立更完善的社保体系。

（1）提高分红比例。首先是红利上缴比例还有更高的空间。1993年之后，我国国有企业不再向国家上缴税后利润。2007年，国家开始试行国有资本经营预算制度，由国务院国资委管理的中央企业开始上缴国有资本收益。按照《中央企业国有资本收益收取管理暂行办法》，资源性行业按照税后利润10%上缴国有资本收益，竞争性行业按照税后

---

[1]　《中国财政年鉴（2008）》，中国财政杂志社2009年版。

利润的 5% 上缴国有资本收益，而政策性企业如军工企业等暂缓上缴国有资本收益。2007 年应收取 84 户中央企业 2006 年国有资本收益 140 亿元，截至 2007 年底实际收取 136 亿元。2008 年，从中央企业收取的国有资本收益为 548 亿元，但是这些收益没有一分钱投入社会保障事业，全部用于国有资本再投入，其中用于补充国有资本金达 279 亿元，用于中央企业灾后重建的为 196 亿元，用于推进企业布局与结构调整的大约 82 亿元。我们认为，2007 年暂行办法规定的上缴比例仍有较大的提高空间，除极少数情况比较特殊的企业之外（如军工企业等），可以考虑对所有国有企业按照 15% ~ 25% 的比例收取税后利润。国际经验表明（张春霖、高伟彦，2005），15% 的红利支付水平在全球范围内也属于低限。从我国国有企业目前的情况来看，不分配利润而产生太多的现金积累，不但无助于提高国有企业的竞争力，反而助长了其粗放型发展。对资源性行业的企业按照税后利润 20% 或 25% 的比例收取国有资本收益，是完全应该的。对竞争性行业的企业按照税后利润的 15% 甚至 20% 的比例收取国有资本收益，也很有必要，因为现在许多竞争性行业都面临阶段性产能过剩问题，企业掌握了太多的现金可能使产能过剩问题更加突出。

即使企业需要进一步投入以增强发展后劲，上述比例的分红对企业没有实质性的负面影响，只要企业本身有较好的盈利能力和分红水平，企业完全可以从市场获得资金。即使在 2008 年和 2009 年，一些大型国有企业，如中国南车、中国建筑、中国冶金等动辄从证券市场融资数百亿，说明企业发展更加需要从市场融资而不仅仅依赖内源性融资。国有企业从信贷市场获得的资金更加可观，适度增加分红比例根本不会影响企业的发展。当然，提高国有企业的分红比例也有可能导致国有企业隐匿利润，甚至影响国有企业的经营积极性。但是，现在国有企业的治理结构与十几年前已经大不一样，许多国有企业特别是那样比较重要的、大型的国有企业已经在证券市场上市，一些甚至到境外证券市场上市，这些上市国有企业已经接受了分红文化、形成了分红制度，同时透明度和审计制度也有较大的改进，应该可以在较大程度上避免 20 世纪 80 年代那样的隐匿利润或者鞭打快牛的问题。

2008 年，在全球陷入严重经济危机的情况下，国务院国资委管理的中央企业的利润总额尽管同比下降了 30.8%，但仍然达到了 6962 亿元。2009 年 1～8 月，国务院管理的中央企业的利润总体同比下降了 16.8%，但仍然达到了 4613 亿元。即使中央企业维持这样的利润水平不再增长，如果将国有企业的分红比例提高到 15%～25% 的水平，未来三年之内完全有可能将国务院国资委管理的中央企业的资本收益总额提高到每年 1000 亿左右的水平。那时，国有资产产生的收益对社保资金的支持程度就可以更高。

（2）出售一部分国有资产增量。但是，国有企业分红收入远远满足不了建立更加完善社会保障体系的需要。除了国有企业分红，庞大的国有资产可以给国家每年带来数以千亿计的变现收入。根据《中国国有资产监督管理年鉴（2008）》公布的数据①，截至 2007 年底，由国务院国资委管理的中央企业的净资产达到 6.58 万亿，同比增长 22.1%。也就是说，由国务院国资委管理的 130 多家中央企业的净资产在 2007 年中一年增加了 1 万亿以上。根据《中国财政年鉴（2008）》公布的数据②，在 1998～2007 年 10 年间，汇编的中央企业数量从 2.3 万家下降到 2.2 万家，资产总额从 5.2 万亿上升到 18.8 万亿，所有者权益从 2.4 万亿上升到 8.3 万亿。可见，10 年间所有者权益增加了两倍以上。我们即使对未来的国有资产的增长速度打一个很大的折扣，仍然有把握说，中央企业国有净资产未来每年都能够以超过 5000 亿元的速度增长。如果我们把每年增加的国有资产的一半拿出来按照账面价值出售，中央政府就可以从中获得 2500 亿元的现金收入，而且还能保证国有资产每年继续以一定速度增长。

---

① 《中国国有资产监督管理年鉴（2008）》，中国经济出版社 2008 年版。
② 《中国财政年鉴（2008）》，中国财政杂志社 2009 年版。

（3）国有资产的市场价格可能远高于账面价值。更重要的是，目前统计的国有资产的数额是按照账面价值计算的，但事实上，这些国有资产的市场价值远远超过账面价值，所以以市场价格出售国有资产的收入也会远远超过账面价值的数字。

现在，许多国有企业的核心资产甚至大部分资产已经在证券市场上市，这给国有资产估价和国有资产出售带来了很大的方便。我们以竞争性行业的宝钢集团为例。宝钢集团的主业资产已经注入到上市公司——宝钢股份当中去。截至 2009 年 6 月底，宝钢股份的总资产达到 1973.8 亿元，净资产达到 956.4 亿元，宝钢集团拥有宝钢股份总股本 175 亿股的 74%，所以宝钢集团拥有的国有净资产的账面价值达到 700 亿元，而按照当时每股 7 元人民币计算，这些国有资产的市场价超过 900 亿元，溢价率为 28.5%。钢铁行业是一个竞争非常充分、而且民营企业已经大量进入的行业，即使考虑国家要对宝钢股份实行 51% 的绝对控股，国有股仍然有 23% 的出售空间。对这 23% 的股份分 10 年在市场出售，每年可以出售 2.3% 左右，假定未来 10 年宝钢股份的价格维持在 7 元左右（这是上证指数为 2900 点时的股价），每年出售宝钢股份国有股可以获得 28 亿元。这已经是一个非常保守的静态计算方法。而中国石油的总股本达到 1830 亿股，中国石油天然气集团公司拥有的国有股占 86% 以上的股份，即使按照国家控股 2/3 以上（66.7%）计算，股份出售的空间也在 20% 左右。如果分 20 年出售，每年可以获得的收入在 200 亿以上。中国证券市场目前 1600 多家上市公司中，70% 以上是国有控股的上市公司，所以可以在证券市场出售的国有股非常多。

对于那些没有在证券市场上市的国有企业而言，并购市场和产权交易市场的存在也可以方便地为国有资产定价，这个市场的定价一般也会远远超过国有资产的账面价值。2006 年，河南双汇集团 100% 的国有股在产权交易所公开挂牌转让，其账面净资产仅为 6.7 亿，挂牌价为 10 亿，最后的成交价达到 20.1 亿，对净资产的溢价率达到了 200%。

除了国务院国资委管理的 130 多家国有企业之外，金融类国有企业的资产更加庞大。中国工商银行、中国银行、中国建设银行、交通银行等国有银行以及一些保险公司和证券公司都已在证券市场上市，而且国家的控股比例一般都很高，有着较大的出售国有股的空间。可以说，每年在证券市场出售微乎其微的实业类和金融类国有企业的国有股，就可以毫不费力地获得数百亿乃至上千亿的资金，而这并不会影响国家对重要企业的绝对控股。

需要指出的是，既要利用证券市场出售国有股份，也要利用并购市场以及产权交易中心来出售国有资产，以尽量减少每年出售国有股份给证券市场带来的冲击。即使在证券市场出售国有股份，也要充分利用大宗交易制度。只要制定分年度出售国有股份的一揽子计划，让市场知道每年出售的国有股份的数量，市场就会有一个稳定的预期，就完全有可能避免证券市场动荡。

另外，新中国成立 60 多年来，特别是改革开放 30 多年来，国家投入了大量资金修建了庞大的基础设施和公用事业设施，这些设施积淀的国有资产非常庞大。随着这些领域改革的推进，许多设施正在或者将要实行半商业化甚至全商业化运营，一些项目甚至有可能在证券市场上市甚至出售，这些资产只要出售极少部分，就有可能每年使国家获得一定的资金。我国的自然资源和稀缺资源的特许使用权，都为国家所控制，都有可能通过使用制度的改革为国家带来资金收入。

（三）一些建议

从如上的分析来看，加快建立较完善的社保体系，对于我国经济增长方式的转变和现代化事业的全面推进具有重要意义，而资金约束问题完全可以通过国有资产来解决。但是，这并不意味着可以随便出卖国有资产、可以随意挥霍 60 年来由几代人艰苦奋斗积累起来的"家当"。因此，建立制度化的利用国有资产建立较完善社保体系的基本框架，形成规范化的国有资产逐步、有序的变现体制，使得较完善社保体系能够从国有资产领域获得足够资金，又使得国家对重要行业和关键领域的控制力毫不削弱，显得十分重要。我们认为，未来应着重推进如下方面的几项工作。

1. 应该制定一揽子建立更加完善社保体系的计划

可以根据可获得的资金量来量力而行地制定这个一揽子计划。国务院国资委管理的中央企业的分红在未来三年内每年可以稳定在 1000 亿元左右。把这些企业每年国有资产增值部分的一半拿出来出售，如果按照账面价值出售，至少可以获得 2500 亿元。如果按照市场价格出售，假定证券市场和并购市场的综合市净资率为 1.5 倍（我国证券市场目前的市净率约为 4 倍，1.5 倍市净率是很保守的估计），则可以获得 3750 亿左右。而国家从中国工商银行、中国银行、中国建设银行和交通银行每年也可以获得不少分红。中国工商银行 2008 年度的分红为每 10 股分红 1.65 元，按照国有股比例，国家可以获得红利收入 380 多亿元。国家从中国银行、中国建设银行的分红也有 100 亿元左右。因此，从几大国有银行的分红就可以达到 500 亿以上。如果每年从证券市场出售少量的金融类企业的国有股，也可以每年获得 500 亿左右的资金。在未来三年里，上述资金加起来，每年可以达到 4500 亿元到 5750 亿元，其中从国有企业获得的分红可达 1500 亿左右。三年之后，随着经济的增长和国有资产的进一步增值，每年可以获得的收入肯定可以更多。

中央政府应该明确规定，除了实业类国有企业分红之中一部分可用于国有企业本身的改制重组之外，上述收入的绝大部分都应用作中央政府的社保资金。另外，每年中央财政一般收入当中应该可以拿出至少 1000 亿元可以用于社保资金。根据这个资金供给量，我们完全可以制定一个相应的一揽子社保体系建设计划。只有制定了这样一个一揽子计划，才有可能倒逼国有企业分红制度和国有资产出售制度的相应建立和完善。

2. 应该考虑建立社保预算制度，形成完备的复式预算结构

早在 1988 年，财政部向国务院报送了实行复式预算的意见，1991 年正式报送复式预算方案。从 1992 年开始，中央预算和部分省级预算

按经常性预算和建设性预算的形式进行试编。1994 年通过的《预算法》规定，"中央预算和地方各级政府预算按照复式预算编制"，次年通过的预算法实施条例进一步指明，复式预算分为"政府公共预算、国有资产经营预算、社会保障预算"。1998 年，财政部的"三定"方案规定，财政部要改进预算制度，逐步建立政府公共预算、国有资本金预算、社会保障预算。但在后来的实际工作中，复式预算制度并没有得到推行。当然，关于是否需要建立复式预算制度，特别是是否需要建立一个相对独立的社保预算制度，一直有不同的看法。但是现在看来，既然作为复式预算一个组成部分的国有资本经营预算已经开始试行，而社保体系的建立在中国任重道远而且情况非常复杂，有一个相对独立的社保预算可能使利大于弊。只有建立社保预算，才可以较好地使上述每年4500 亿到 5750 亿的资金真正得到落实，形成规范化、制度化的资金供给体系，才能促进国有资本经营预算向社保资金提供规范化的注资通道，也有利于社保资金的规范化管理。在复式预算中，社保预算和国有资本经营预算不仅仅限于年度预算，更应该有中期预算战略和方案，以体现这两个预算的战略性、前瞻性和互动性。在这个基础上，形成国有资产补充社保资金的数量化的中期时间表。

3. 进一步完善国有资本经营预算，并将国有资本经营预算彻底纳入国家预算体系

目前，国有资本经营预算还未真正成为国家预算的一部分。国务院于 2007 年颁布的《关于试行国有资本经营预算的意见》（国发 2007 第26 号）规定，国有资本经营预算的收入主要包括国有企业上交国家的利润和股息以及企业国有产权股份转让收入，同时规定在试行期间，各级财政部门商国资监管、发展改革等部门编制国有资本经营预算草案，报经本级人民政府批准后下达各预算单位，国有资本经营预算资金支出，由企业在经批准的预算范围内提出申请，报经财政部门审核后，按照财政国库管理制度的有关规定，直接拨付使用单位。使用单位应当按照规定用途使用、管理预算资金，并依法接受监督，年度终了后，财政

部门应当编制国有资本经营决算草案报本级人民政府批准。显然，目前处于试行阶段的国有资本经营预算仍然没有彻底纳入国家正式的预算体系，预算和决算没有经过全国人大的审议批准。同时，试行阶段的国有资本经营预算支出没有明确规定每年要向社保体系转出资金。因此，目前试行阶段的国有资本经营预算是有缺陷的。在 2007 年设计试行方案时，为了尽快启动长期陷于争议的国有资本经营预算制度，当时采取了简化启动的方式，基本仿照基金预算的模式启动，国有资本经营预算科目与基金预算一样实行单独编列，列收列支，不与一般预算一起搞综合平衡。但经过一段时期的试行，现在应该完善制度，一方面提高红利上缴比例，在未来三年内将国有资本经营预算的收入规模扩大到每年1000 亿元左右，另一方面将国有资本经营预算彻底纳入国家预算体系，预算和决算应该经过全国人大的审议批准，同时应该明确列出国有资本经营预算向社保预算支付资金的数量化的中期时间表。

4. 要对全国社保基金进行清晰定位，并制定每年以国有资产充实全国社保基金的时间表以及全国社保基金每年支付社保资金的时间表

2000 年，中央政府决定设立全国社会保障基金，作为国家建立社保体系的资金储备。但是，对于社保资金储备到什么时候才可以动用以及如何动用都没有明确说明。现在，需要将全国社保资金彻底纳入到社保预算体系，应该清晰规定其资金补充制度、资金支出制度以及资产管理制度。在社保预算制度下，国家社保基金可以每年从国有资本经营预算中获得一定的资金补充并通过资产管理实现增值，同时每年也要支出一定数额的资金用于当年的养老保险、医疗保险等资金的支付。

中央政府还应该明确主要采取现金注入而非股权划拨的方式以国有资产补充社保资金。2003 年 10 月召开的十六届三中全会指出，要"采取多种方式包括依法划转部分国有资产充实社会保障基金"。但此项工作一直进展迟缓，直到 2009 年中，才出台一个国有股转持规定，但转持方案并不能大规模地增加社保基金的资金量。进展迟缓的一个重要原因是没有确定以股权形态还是现金形态实现划转。我们认为，应该划转

现金形态的国有资产，由全国社保基金理事会根据国家有关规定，自主决定这些现金投资于哪些股票债券或进行其他投资以实现稳健增值。因为向全国社保基金划转股权形态的国有资产，有着难以克服的技术缺陷。也就是说，应该划转现金形态的国有资产给全国社保基金，即国资委先将国有股出售，再把现金划转过去。

同时，全国社保基金应该改变过去一直只进不出的做法，在社保预算的制度框架下，每年必须要拿出一定比例的资金，直接用于社保支出，这样才能改变人们认为社保基金只不过是一个国家级资金玩家的看法。

执笔人：张文魁

以农民工市民化为重点的城镇化战略

一、我国城镇化进程简要回顾

（一）我国城镇化进程取得了重大成就

改革开放以来，我国城镇化得到迅速发展。从图 2.1 可见，1978～2008 年我国城镇化率由 17.9% 提高到 45.7%，年均提高近 0.93 个百分点。改革开放以来我国的城镇化速度不仅快于改革开放前的速度，也快于同期世界城镇化水平年均提高约 0.39 个百分点的速度。

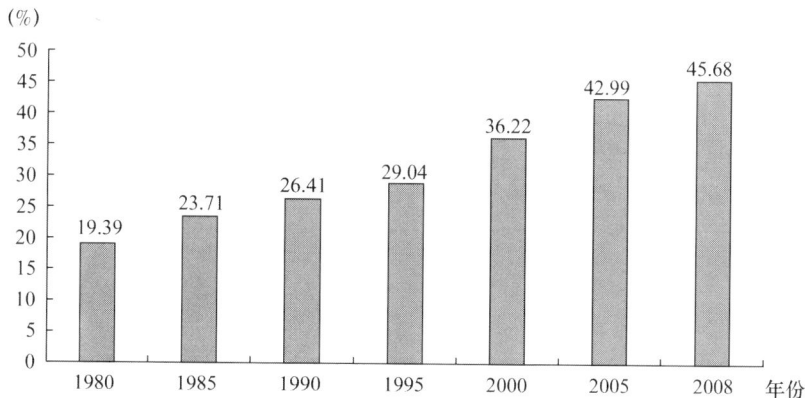

图 2.1 我国的城镇化率

从图 2.2 可见，我国城镇人口规模也由 1978 年的 1.72 亿增加到 2008 年的 6.07 亿，包括城镇人口自然增长在内，城镇人口年均增长 4.28%。

(百万人)

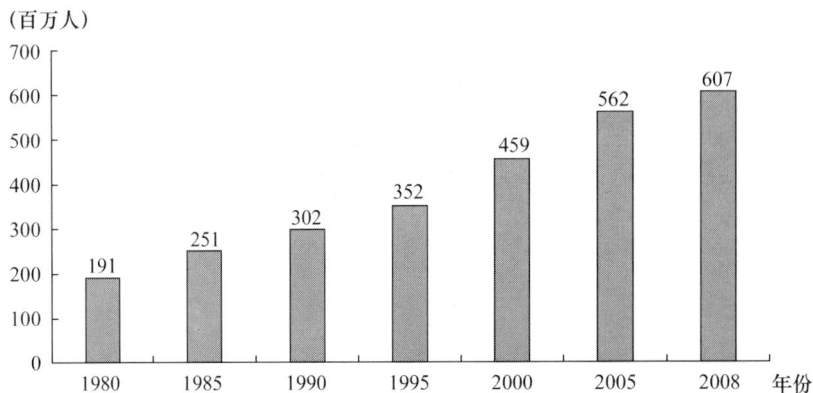

图 2.2　我国的城镇人口规模

我国城镇人口增长与农村人口的降低，形成了鲜明的对比。从表 2.1 可见，改革开放 30 年来，我国的城镇人口年均增长速度为 4.28%，而同期农村人口则年均减少 0.3%。其中 1998～2008 年期间，城镇人口年均增长 3.84%，农村人口年均减少 1.41%。值得指出的是，我国农村人口的降低，事实上是在农村人口生育率和自然增长率高于城镇水平的前提下发生的。

表 2.1　　　　　　　　　我国城镇和农村人口增长速度的对比　　　　　　　　单位:%

年　份	全国人口	城镇人口	农村人口
1978～2008	1.08	4.28	− 0.30
1998～2008	0.63	3.84	− 1.41

我国城市和城镇的数量不断增加，初步形成若干规模较大、联系较紧密、功能互补性较强的城市群。2007 年全国共有城市 655 个，其中大型及以上城市 237 个，中等城市 151 个，小城市 267 个，建制镇 19249 个，分别比 1980 年增加了 432 个、194 个、89 个和 16375 个。目前已经形成长三角、珠三角、京津冀等城市群。中国城市经济在整个国

民经济中的创造产出、吸纳就业、技术创新等诸多方面的主导地位越来越突出。

（二）目前我国城镇化存在的问题

尽管我国城镇化取得了重大的成就，但是仍然存在一系列问题。比较突出的有两个方面：一是城镇化进程慢，二是城镇化质量低。

我国城镇化进程慢是一个突出问题。即使假定我国目前公布的城镇人口都是真正融入城镇的，我国的城镇化率也显著地低于同等发展阶段经济体的平均城镇化率。2008 年我国城镇化率为 45.7%，明显低于第二、三产业就业人员在全国就业总人员中 60.4% 的水平。从国际比较看，我国城镇化水平不仅低于高收入国家平均水平 30 多个百分点，也低于世界平均水平 4 个多百分点。

除了城镇化进程慢之外，城镇化质量低也是我国城镇化的突出问题。目前，我国大量流动就业的人口仅仅作为劳动力进入城镇，其生产和生活方式没有全面转型，处于城乡和工农业之间摆动迁移的状态。这些人口当中，许多人口虽然按照统计口径的规定，在城镇常住半年以上，被计入城镇人口，但其并没有享受到完善的城镇公共服务，其生活方式其实也并没有实现城镇化。也就是说，我国目前的城镇化水平质量不高，所公布的城镇人口统计结果当中，有不少实际上没有真正融入城市。

二、以农民工市民化为重点的城镇化战略是转变发展方式的重要途径

（一）进一步提高城镇化质量、加快城镇化进程，对转变发展方式的重大意义

新时期进一步提高城镇化的质量，加快城镇化进程，对于转变发展

方式具有重大意义。表现在以下几个方面。

第一，城镇化是促进供给能力和潜在 GDP 水平持续增长的重要途径。（1）城镇化进程中，资金、劳动力等要素不断流动、优化配置到生产率较高的地区、部门和产业中，使得整体经济的资源配置结构不断优化，提高供给能力。非农产业的劳动生产率和农业劳动生产率的比值，反映了通过促进劳动力从农业部门向非农部门流动和重新配置而提高产出的潜力。如果这个比值很大，说明农业部门和非农部门的劳动生产率差距很大，通过转移劳动力能够带来的增长空间也就越大。从图 2.3 可见，改革开放后我国该指标在 3.5 和 7 之间。而从后面的表 2.2 中可见，高收入国家的这一指标只有 1.9，中上等收入国家 2.5，都明显低于我国。这些数据表明，我国通过城镇化创造非农就业机会，吸纳农村劳动力，进而缩小城乡差距的空间还很大。（2）城镇化的正常发展进程中，新进入城镇的人口积累的财富，将主要集中用于在其常住的城镇地区置产置业，有利于这些储蓄形成长效的生产性资本，有效地带动整个国民经济的生产能力增长。相反，如果城镇化政策扭曲，城镇化进程不顺利，则人口即使能够进入城镇就业，其积累起来的财富也不得不流回其原居住地置产置业，如流回农村修房子。而这些原居住地的形成的资产，或者闲置浪费，或者利用效率不高，从而不利于整个国民经

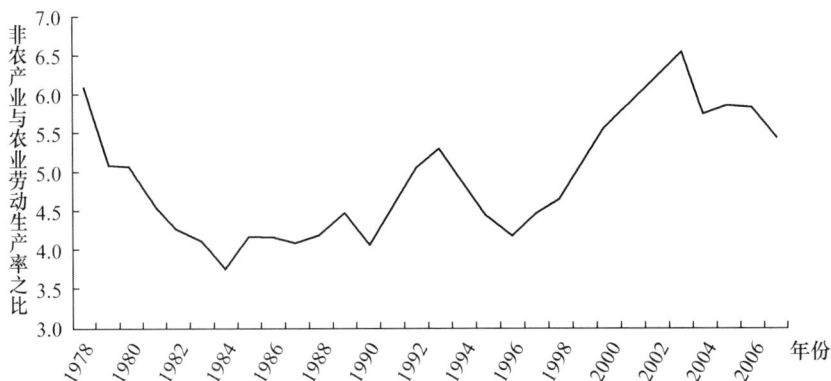

图 2.3　我国非农产业与农业劳动生产率之比

济形成有效的资本积累。（3）城镇化进程中的要素聚集还能够带来各经济主体之间的正向的生产率外溢效应。城镇特别是城市，是各种思想相互激荡的场所，具有较强的知识溢出效应，大城市通常是科技创新的中心，发展大城市可以为转变发展方式提供技术支撑。城镇中由于生产活动的聚集，可以促进分工的深化，各个产业自身可以充分发挥规模效应，有利于提高生产率。城镇化进程中产业和企业在城镇聚集，缩短了产业活动的地理距离，降低了空间交易成本，进而促进了产业经济的发展。

表 2.2　　　　各发达国家 2005 年非农产业与农业劳动生产率之比

国家（地区）	2005 年非农产业与农业劳动生产率之比	国家（地区）	2005 年非农产业与农业劳动生产率之比
高收入 OECD 国家	1.9[1]	爱尔兰	2.7[1]
上中等收入国家	2.5	意大利	1.9
中等收入的国家	6.1[3]	日　本	2.7[1]
韩　国	2.5	澳大利亚	1.2[1]
卢森堡	2.9	奥地利	3.7
荷　兰	1.5	比利时	2.0[1]
新西兰	1.0[4]	加拿大	1.3[3]
挪　威	2.1	丹　麦	1.6
葡萄牙	4.1[2]	芬　兰	1.7
西班牙	1.6	法　国	1.7[1]
瑞　典	1.8	德　国	2.8
瑞　士	3.3[2]	希　腊	2.6
英　国	1.4	冰　岛	0.8[3]
美　国	1.2[1]		

注：①为 2004 年的数据；②为 2003 年的数据；③为 2002 年的数据；④为 2001 年的数据

资料来源：世界发展指数，2007。

　　第二，城镇化是促进需求增长的重要途径。（1）城镇化过程中，随着供给能力的不断提升和生产率的提高，居民收入水平相应持续提高，可用于消费的预算也会相应提高，进而提高国民经济的总消费水平。（2）城镇化过程大量开办工业和服务业企业，将带动各类设备投资需求持续扩张。（3）城镇化过程中大量人口进入城镇，必然带动住房投资需求。（4）城镇化进程中，新进入的人口对交通、通讯、医疗、卫生、文化教育事业的需求不断扩大；而且在许多情况下，人口聚集之后，原来家庭自我提供的许多服务项目，也逐渐由社会化、产业化的企业来提供，也会提高对服务业需求。（5）城镇化会带动水、电、路、气、通讯等等基础设施配套建设需求。（6）在我国的情形下，城镇化还有助于提高消费倾向。虽然一般原则上讲，在其他条件相同的情况下，低收入人口消费倾向高于高收入群体，但是，中国农村人口的社会保障覆盖面和水平很低，农村人口的消费倾向低于有社保体系情形下的水平。所以，提高城镇化水平，有助于使得流入城镇的人口提高其消费倾向。国际经验也表明，城镇化快速推进的过程，也是总需求和市场规模快速扩大并带动经济规模扩大的过程。从图2.4和图2.5关于美国和日本的经验图示中可以看出这一点。

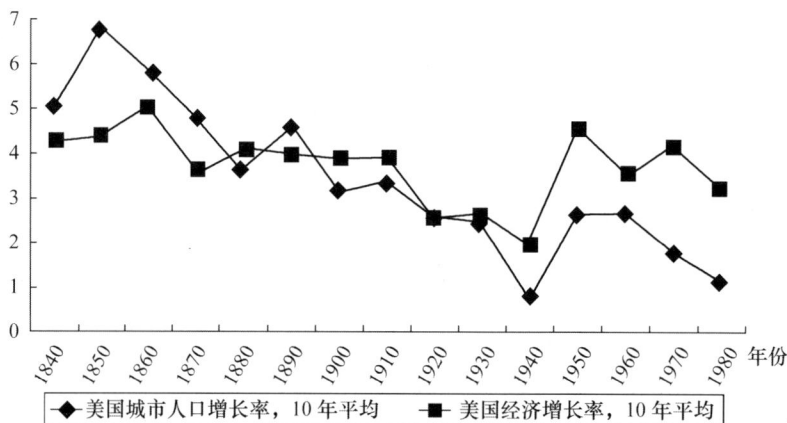

图2.4 美国经济增长和城镇化率之间的关系

第三，城镇化是促进非农就业机会增长的主要渠道。从图2.6中可以看出，"十二五"期间中国的劳动力数量还将持续增长，新增加的劳动力主要是受教育水平较高人群，至少接受了九年制义务教育。要吸纳这些人口就业，主要的渠道只能是城镇的非农产业，农业和农村部门难以成为其就业主渠道。

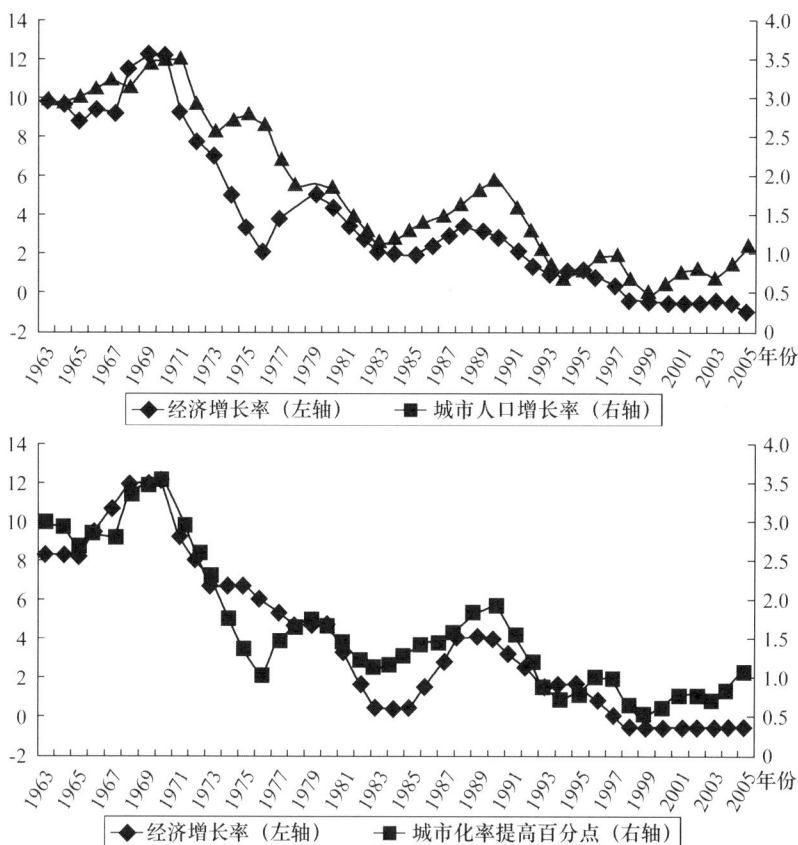

图 2.5 日本的经济增长率（三年移动平均）和城镇化之间的关系

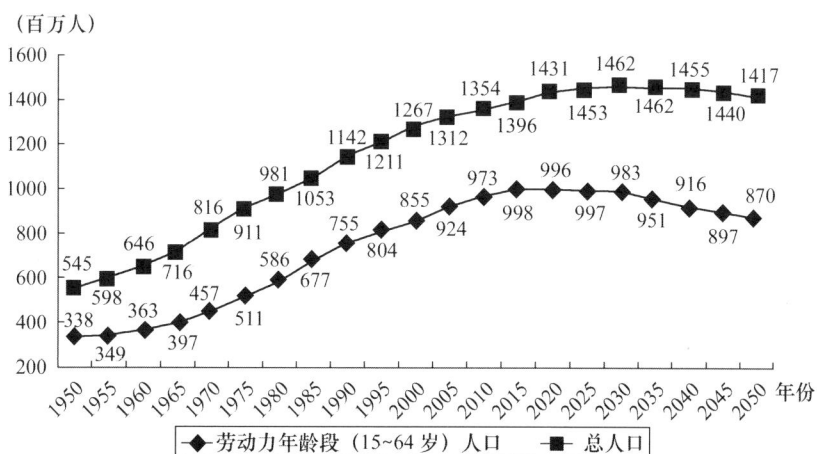

图 2.6 我国劳动力的增长趋势

第四，城镇化有利于城乡统筹发展和从根本上解决三农问题，实现社会公平与社会和谐。

（1）城镇化是吸纳农村劳动力进入高生产率部门、缩小城乡二元差距的最重要的途径。农村人口进入城市，是其依靠自身努力参与到现代化过程中，分享现代化成果的最可靠的、最可持续的途径。城镇化有利于提高单位面积产出，促进经济增长和生活质量提高。2008年我国第一产业劳动力数量占全部就业的比重为39.6%。而从表2.3可见，发达国家2005年这一比例最高的仅为12%左右。

表2.3 从国际比较看我国劳动力产业配置结构升级的空间

国家（地区）	2005年农业就业比重（%）	国家（地区）	2005年农业就业比重（%）
高收入 OECD 国家	3.2	爱尔兰	5.9
上中等收入国家	14.2	意大利	4.2
中等收入的国家	35.4	日　本	4.4
韩　国	7.9	澳大利亚	3.6
卢森堡	1.2	奥地利	5.5
荷　兰	3.0	比利时	2.0
新西兰	7.1	加拿大	2.7
挪　威	3.3	丹　麦	2.9
葡萄牙	12.5	芬　兰	4.8
西班牙	5.3	法　国	4.0
瑞　典	2.0	德　国	2.4
瑞　士	3.9	希　腊	12.4
英　国	1.4	冰　岛	7.2
美　国	1.6		

资料来源：世界发展指数 2007。

（2）城镇化有利于保护耕地，进而有利于保障粮食安全。城镇化本身虽然会增加城镇建设用地，但是由于城镇吸纳农村人口之后能够节约更多的农村建设用地，所以城镇化有助于从国民经济角度节约和集约使用土地。1997～2005 年期间，城市建设、建制镇建设和村庄建设三类用地中占地最多的是村庄建设，比城市建设占地多 82%，其次是建制镇建设，比城市建设占地多 12%。目前农村人均居民点用地 228 平方米，城镇人均居住用地仅为 22 平方米，前者是后者的 11.4 倍。固然，我国城镇化推进过程中出现了占地过快的问题，1990～2007 年城镇人口增长 97%，城市建成区面积扩大了 1.76 倍，城市用地增长与人口增长率之比为 1.81∶1。但这是工作推进过程中的问题，并不是城镇化本身必然带来的。

（二）加快推进城镇化的突破口是农民工市民化

全面推进城镇化，是一项系统工程，涉及面广。从我国当前的实际情况出发，农民工市民化是未来一段时期推进城镇化的重点突破口。有几方面的原因。第一，农民工是已经在城镇中获得就业机会，并在城镇中生活了一段时间的人口，他们具有在城镇生活和就业的愿望和基本能力。第二，从推进城镇化的实际操作角度看，我国的客观物质基础条件决定了不可能一蹴而就地实现全部人口城镇化，只能是分步骤先后实施。而关键的制约因素是城镇公共服务和社保的承受能力。农民工享受到了部分的城镇公共服务和社会保障，有的参加了城镇社会保障体系，且已经通过实践证明，能够继续通过其工作为公共服务和社会保障体系做出贡献。农民工的市民化相对容易实施，政府财政负担小。第三，农民工的主体基本上属于青壮劳动力，其子女基本上处于接受义务教育的阶段。农民工市民化、解决好其子女的义务教育和家庭团聚问题，是提高国家人力资本积累、有效化解社会矛盾、切实改善农民工生活质量的重要途径。

三、以农民工市民化作为城镇化突破口，对
扩大内需和经济增长的影响

为在新时期加快城镇化进程，提高城镇化质量，从我国国情出发，不难理解，农民工市民化是当前的突破口。不少研究分析了城镇化促进经济增长的机制，也有一些研究定量分析了放松人口流动限制、提高城镇人口规模等之后，对经济总量的影响。但是，深入分析农民工市民化之后对经济总量和经济结构的影响的研究并不多。这里将围绕这个主题，从我国人口流动的实际情况出发，构造理论模型，并进行模拟分析，给出细致的数量分析结果。

（一）我国农民工数量、结构及消费特征①

为了展开分析，首先介绍我国目前的农民工的有关经济特点。

1. "农民工"的概念和统计口径

农民工是我国经济社会转型时期与户籍制度相关联的特殊概念，泛指户籍登记在农村，拥有承包经营土地，但从事的生产活动却与自己的土地分离，主要依靠工资收入生活的劳动力。我国目前尚无对农民工的专门统计，有关农民工的数据主要靠各种抽样调查推算得到。比较全面的调查统计主要有两个来源：一是国家统计局农村住户调查数据；二是农业部固定农村观察点系统调查数据。但统计口径上常常将农民工区分为"外出农民工"和"本地农民工"，前者指农村户籍劳动力中离开本

---

① 主要数据来源：（1）国家统计局调查数据为对 31 省、857 个县、7100 个村和 6.8 万农村住户的调查数据。（2）农业部农业部固定农村观察点系统，每年两次对全国 30 个省的 20084 个农户的调查数据。（3）国务院发展研究中心 2006 年开展的对 2749 个村庄的调研数据。（4）国务院发展研究中心与亚洲开发银行合作，2006～2007 年对北京、广州、南京、西安、兰州和亳州等地的调研数据。（5）农业普查数据。

乡镇外出从业人员，后者指在本乡镇从事非农产业的农村户籍人员。人们通常所说的农民工主要指外出农民工，但对此国家统计局和农业部的口径也有差别，前者将年度内在本乡以外的地域就业 1 个月以上的农村劳动力都纳入外出农民工统计，而农业部则只统计 3 个月以上的外出劳动力。统计局的口径要比农业部的口径大，而且覆盖面也更宽，所以一般以统计局数据为判断我国外出农民工规模的主要依据。截至 2009 年 6 月底，我国外出农民工规模大数为 1.5 亿（见表 2.4），农民工总规模约大数为 2.4 亿[1]，纳入城镇人口统计（对城镇化率有贡献）的农民工大约为 1.23 亿[2]。

表 2.4　　　　　　　　我国外出农民工规模及近年变化　　　　　　单位：万人

年　　份	国家统计局调查数据	农业部调查数据
2000	7849	—
2001	8399	8961
2002	10470	9430
2003	11390	9820
2004	11823	10260
2005	12578	10824
2006	13212	11490
2008	14041	—
2009 年 6 月	15097	—

数据说明：（1）根据第二次农业普查数据，2006 年农民工为 13181 万人，比调查数据 13212 万人略低。（2）根据国务院研究室课题组《中国农民工调查报告》估计，1980 年我国农民工为 200 万，1989 年为 3000 万，1993 年约为 6200 万（中国言实出版社，2006 年）。

2. 农民工基本特征

从农村劳动力整体分布格局看，全国农村劳动力中约 1/4 外出打

---

[1]　农民工总数根据 2008 年的结构推算。2008 年 12 月 31 日，我国全国农民工总数为 22542 万人，其中外出农民工为 14041 万人，占农民工总量的 62.3%（国家统计，2009）。

[2]　根据 2006 年调查数据，农民工每年外出打工平均时间为 8.4 个月，其中外出打工时间 6 个月以上的占比为 81.8%（盛来运，2008）。

工，约 1/4 在当地从事非农产业，剩余的一半左右的劳动力在从事农业生产（见表 2.5）。其中，按家庭收入分组情况，处于中等收入的家庭组（第 2 分位到第 4 分位），其劳动力流出的比例最高，其次是高收入组（第 5 分位），流入比例最低的是低收入家庭组（第 1 分位）。

表 2.5　　　　　　　我国农村劳动力就业基本分布格局　　　　单位:%

地　区	每村劳动力人数（人）	劳动力占全村人口比例	外出打工劳动力占总劳动力比例	本地农业劳动力占总劳动力比例	本地非农就业占总劳动力比例
全　国	1081	55.3	26	50	24
东　部	1226	56.7	20	39	41
中　部	768	51.1	29	61	10
西　部	1150	57.0	28	64	8

数据来源：国务院发展研究中心（2006）对 2749 个村庄的调研数据。

2009 年，按输出地来分，来自东部、中部和西部地区外出农民工比重分别为 29.6%、37.6% 和 32.8%。按输入地分，东部地区吸纳外出农民工占外出农民工总数的 66.7%，中部地区占 14.7%，西部地区占 18.2%。随着产业转移和中西部的加快发展，特别是受金融危机的冲击，东部吸纳农民工比例 2009 年有小幅降低的趋势[①]。但总体上东部依然是吸纳农民工就业主要区域，同时中西部吸纳能力在逐步上升。

3. 农民工收入与支出特征

得益国家一系列政策作用，农民工工资增长缓慢问题，从 2003 年以后有所改善。月平均工资从 2004 年的 780 元上升到 2007 年的 1060 元，年均名义增长 10.8%。从收入分组情况看，最高收入组月均收入约为最低收入组的 4.9 倍（见表 2.6），收入差距较大。但从各收入组的消费支出看，最高收入组的月均消费支出仅为最低收入组的 2.8 倍。农民工随着收入的提高，消费倾向呈不断下降趋势，最低

---

① 2006 年这一比例为 70%、14.2% 和 15.6%；2008 年这一比例为 71%、13.2% 和 15.4%。

收入组消费倾向为 51.64%，而最高收入组的平均消费倾向仅为
30.13%，平均消费倾向仅为 35.91%，显著低于同期城镇居民的平均
消费倾向。农民工除了维持最基本的生活需要外（恩格尔系数很高），
基本上不作其他消费，即便是最高收入水平组的农民工，其消费模式
也没有明显差别。

表 2.6　　　　　　　　外出农民工收入及支出结构特征（2007）

	按照收入五等分组					平均
	第 1 个 20%	第 2 个 20%	第 3 个 20%	第 4 个 20%	第 5 个 20%	
月收入（元）	413.7	692.0	904.8	1155.5	2018.9	1060.0
月消费支出（元）	213.6	309.4	364.1	413.6	608.3	380.6
消费倾向（%）	51.6	44.7	40.2	35.8	30.1	35.9
消费支出构成（%）	100	100	100	100	100	100
恩格尔系数	63.7	61.3	59.5	58.5	49.8	56.7
衣着支出占比	12.0	11.9	12.1	11.9	12.2	12.1
居住支出占比	6.7	8.3	8.8	9.7	12.5	10.0
交通通讯支出	10.8	10.9	11.7	12.0	14.1	12.4
医疗支出	3.1	3.2	3.4	3.4	3.6	3.4
其他消费支出	3.7	4.4	4.5	4.5	7.7	5.5

数据来源：根据国家统计局 2006 年调查数据结构推算。

　　将农民工消费模式与城镇居民相比较可以发现，两者有着显著的差
别。表 2.7 显示了 2007 年农民工和城镇居民不同收入组的消费倾向和
恩格尔系数情况，农民工的消费倾向基本在 50% 以下，而城市居民的
消费倾向在 70% 以上，农民工的消费水平远远低于相同收入水平的城
镇居民。从消费的构成看，农民工的恩格尔系数基本在 50% 以上，而
城镇居民的都在 50% 以下，两者消费结构也有着显著差别。这说明农
民工虽然在统计上属于城市居民，是城市人口的一部分，但他们的消费
水平低，消费模式显著不同于本地市民，因此推进农民工市民化是提高
居民消费的重要环节。

表 2.7　　　　　　　　2007 年农民工和城镇居民消费模式比较　　　　单位:%

	组　别	平均每人每年收入（元）	消费倾向	恩格尔系数
农民工	低收入组	4964	51.6	63.7
	中低收入组	8304	44.7	61.3
	中等收入组	10858	40.2	59.5
	中高收入组	13866	35.8	58.5
	高收入组	24227	30.1	49.8
	组　别	平均每人可支配收入（元）	消费倾向	恩格尔系数
城镇居民	最低收入户	4210	95.9	47.1
	低收入户	6505	86.6	43.5
	中等偏下户	8901	80.0	41.3
	中等收入户	12042	75.5	38.9
	中等偏上户	16386	70.6	36.6
	高收入户	22234	68.8	33.1
	最高收入户	36785	63.4	27.6

（二）农民工市民化对内需和增长的影响：CGE 模拟

基于 Henderson（1974）和 Black and Henderson（1999）城镇化模型，将城市人口区分为城市本地居民和外来务工人员，分析农民工市民化对经济增长的影响。结果如下。（1）施加在城市外来务工人员上的流动限制在一定程度上降低了城镇化的规模，影响了城镇化的进程。因此，推动农民工市民化进程，包括逐步给予农民工在医疗、教育、社保等公共服务方面的平等待遇，有助于进一步提高城镇化水平。（2）农民工市民化有助于提高他们的实际收入水平，而农民工的非市民化将扩大了城乡居民的名义工资差异。（3）农民工的非市民化待遇降低了社会平均的人力资本积累水平，进而必然会导致总产出水平的下降，降低经济增长速度。具体见附录 2。

为更深入分析我国农民工市民化的影响，下面利用国务院发展研究中心开发的动态递推中国经济可计算一般均衡模型（DRC - CGE）进行模拟。

1. 模型介绍

DRC - CGE 模型是递推动态的，也就是说该模型是通过求解一系列的静态均衡来模拟经济运行，在每一期，各种经济主体（企业、消费者、政府等）都根据自己的目标采取最优化行为，在不同的时期，人口和劳动增长、资本存量、技术进步等要素的都会进行相应调整。

模型的数据主要源于基于 2005 年中国投入产出表编制的 2005 年社会核算矩阵（Social Accounting Matrix，SAM）。该社会核算矩阵提供了关于 41 个生产部门（1 个农业部门，23 个工业部门，1 个建筑业部门和 16 个服务业部门）的生产和需求方面的基础信息，例如各部门生产过程中关于中间投入和劳动力、资本的投入等。模型包括 6 种生产要素（农业劳动力、生产工人、技术工人、资本、土地、煤炭、石油、天然气等资源），另外考虑到市民化过程对不同收入分组居民的影响（最先市民化的应主要属于农民中的中高收入家庭），模型把城镇和农村居民共分为 12 组居民（7 组城镇居民，5 组农村居民，按居民收入分组）。

在每一期，劳动力受工资差异引导从农业部门向非农业部门转移，还可以在不同部门之间不完全自由流动（也就是说，劳动力从低工资部门流向高工资部门，但并不能完全消除部门间的工资差别）。考虑到城镇化和非农就业的增长是不同步的，模型中城镇化水平的提高是外生设定的，这样可以更好地反映农民工市民化政策的影响。

在动态增长方面，在不同时期，模型中的资本存量根据折旧率和上一期的固定资产投资额进行调整，人口和劳动力则根据人口学预测模型结果进行外生调整。另一个影响经济增长的重要因素是全要素生产率，在 2006～2008 年，根据实际经济增长数据进行校准，2009～2015 年第二产业部门 TFP 设为 2.5%，第三产业设为 1.5%，但其中的交通运输邮电通讯业为 3.0%，以反映这些部门较快的技术进步。

为考虑农民工市民化的影响，本文的模型采取投资驱动的储蓄—投资闭合模式，也即假定每期的投资是外生给定的，而储蓄会自动调整以与投资实现均衡。这主要是考虑到短期内，我国经济主要面临需求不足约束，因此采用这种闭合方式可以更好地反映由于农民工市民化导致需求增加对经济的影响。

2. 情景设计

为研究农民工市民化的影响，我们采用情景对照的方法，首先根据中国经济的发展和结构特点给出基准增长情景。基准增长情景是以过去和当前的发展特点为基础，分析其趋势，并考虑最有可能的一些变化，包括人口、要素禀赋和技术进步的变化等，从而推导出来的经济增长情景。它反映了经济发展可能趋势，也提供了与其他情景比较的参照系。然后再考虑如果每期的市民化水平有所提高，每年城市人口有所增加（设定为每年1000万人），而其他条件均不变时的对照情景，并将两种情景的结果进行比较，以模拟农民工市民化的影响，情景设定主要内容如表2.8所示。

表2.8 农民工市民化影响的情景设计

情景类别	情景设定
基准情景（A）	1. 人口总量变化趋势外生给定，直接采用中国社科院人口所的中方案预测数据 2. 劳动力总量的增长外生，农业用地的供给变化外生 3. 各种政府税率保持不变，各种转移支付外生 4. 资本折旧率 deltak ＝ 0.08 5. 居民消费结构随收入水平提高而逐渐升级 7. 农村和城镇居民的储蓄率分别从2005年的36.3%和35.3%逐步降低到2030年的25% 8. TFP增长率外生，2006～2008年采用实际增长率数据，2009～2015年保持在2.5%～2.0% 9. 2007～2008年城镇化速度按实际数据，2009～2015年间城镇化率每年提高0.95～0.5个百分点（逐渐降低） 10. 生产部门能源利用效率每年提高3%～2.5% 11. 劳动力保持一定的转移速度
农民工市民化情景（B）	1. 自2010年起，市民化人口数量比基准情景每年增加1000万人（相当于农民工中5%，约715万人再加上其所扶养的农村人口实现市民化） 2. 其他设定同基准情景

3. 模拟结果

（1）农民工市民化对经济增长的影响。根据 CGE 模型模拟结果，可以发现农民工市民化对经济增长和产业结构和有显著影响。在每年增加市民化 1000 万人口的情景与基准情景相比。如表 2.9 所示。

表 2.9　　　　　　　　不同情景下经济增长的模拟结果

年　　份		2010	2011	2012	2013	2014	2015
GDP 增长速度（%）	基准情景	8.54	8.81	8.65	8.38	8.51	7.97
	市民化情景	9.60	9.79	9.58	9.23	9.32	8.73
	变化（百分点）	1.06	0.98	0.92	0.86	0.81	0.75
GDP（亿元）	基准情景	369748	402316	437129	473745	514078	555060
	市民化情景	373350	409908	449158	490631	536362	583167
	变化（亿元）	3602	7592	12028	16885	22284	28107

注：GDP 以 2008 年不变价计算，下同（2008 年数据按照第二次经济普查以后的数据为基准）。①

数据来源：模型计算结果。

为了详细分析市民化的影响，我们主要对基准年（2010 年）的各项结构变化进行比较研究。在基准年份的两种情景中，有关资本存量、劳动力结构和生产技术等因素均相同，两种情景下的差别仅仅在于市民化情景中城市居民增加了 1000 万人口，以及相应的由此引起的城镇居民住房需求增加和政府对教育和公共医疗卫生等支出的增加，因此将两种情景下的结果进行比较，可以较详细的分析市民化的影响。

在 2010 年，市民化情景下的 GDP 总量比基准情景增加了 3602 亿元，经济增长速度提高了 1.06 个百分点。从支出法结构看，经济增长速度的提高主要是由于消费和投资增长带动的，图 2.7 显示了基准年份两种情景下 GDP 构成的比较。

---

① 基准情景下采用新古典闭合原则，即每期的投资自动等于储蓄，因此模型是储蓄驱动增长，市民化情景采用投资原则，每期的固定资本形成额设定为不考虑市民化 1000 万人情况下的经济增长速度，正好等于基准情景下相应年份的增长速度，因此两种情景下的增长速度差别可以看作是完全由于市民化而引起的变化。

（万亿元）

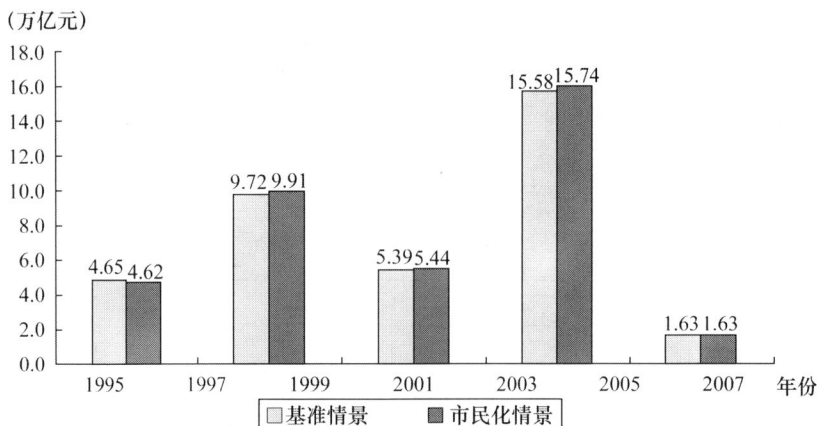

图 2.7　基准年份（2010）两种情景下支出法 GDP 比较

由图 2.7 可见，农民工市民化对经济的综合影响主要体现在消费和投资上，其中农村居民消费有所减少（减少 330 亿元）[①]，这主要是由于农村居民人数相对减少，城镇居民消费显著增加（1855 亿元），这其中既有人口增加的因素，也有由于经济增长而使居民收入提高的综合反馈因素，政府消费也有显著增长（576 亿元），固定资产投资增长较多，达 1584 亿元，而净出口略有减少（减少 83 亿元），这主要是由于国内需求增加，因此进口有所增加。

从促进经济增长的源泉看，市民化对经济增长的影响主要体现在以下几个方面。

第一，居民消费增长。农民工市民化促进经济增长的第一个机制在于直接的消费增长，当农民工以及其负担的农村居民市民化以后，农村居民的消费会减少而城镇居民的消费增加，由于中低收入城市居民的边际消费倾向要高于农村高收入居民[②]，会使总消费有所增加。根据模拟结果，在不考虑住房投资、不考虑政府支出结构变化的情况下，由于农

---

① 模型中，我们将农民工的消费计入农村居民总消费中。

② 我们假设农民工市民化以后，其消费行为（包括储蓄率和消费结构）同于模型中相应收入水平组的城镇居民。

民工市民化 1000 万人（含所负担人口）约使农村居民减少消费 680 亿元，城镇居民增加消费 920 亿元，总体约提高居民消费 240 亿元。随着 GDP 增加，政府收入有所提高，在政府支出结构不变的情况下，政府消费也将增加约 60 亿元，这样由于市民化的直接影响，约可增加 GDP300 亿元，提高 GDP 增长速度 0.10 个百分点。

第二，增加就业。城镇集中居住与农村分散居住的一个特点是，随着城镇居民的集中，会产生许多服务性需求，例如会增加对餐饮等服务的需求，从而增加了非农就业人员，在我们的模型中，假设每市民化 1000 万人，约可增加就业 15 万人左右①，不过对 GDP 的影响较小，不到 10 亿元。

第三，政府支出结构的变化。当城镇居民增加时，政府需要为其提供教育和医疗卫生等公共服务，也需要增加廉租房等保障性住房供应，如果不考虑住房支出，仅考虑政府公共服务支出的话，则政府对公共服务支出增加（教育经费支出 5.2 亿元②，公共卫生预算支出 18.5 亿元③，合计 23.7 亿元），需要相应减少其一般投资支出，因此对经济增长速度的影响很小，但有助于调整投资和消费的比例关系④。

第四，住房支出的增加。农民工市民化对经济的最直接影响是其对城镇住房需求的显著增加，在模型中我们按较小的住房标准考虑了住房需求增加。按人均 10 平方米的建筑标准，每平方米住宅的建筑成本价为 1700 元，同时考虑到这部分增加市民会相应减少在农村的住宅投资（每人减少 1 平方米，成本为 800 元），则市民化 1000 万人需增加住宅投资 1620 亿元，相当于基准年份 GDP 的 0.5% 左右，相当于当年财政

---

①　因为这些市民化人口大部分为已经生活在城市的农民工，因此市民化后新增的就业相对较小。

②　根据中国统计年鉴 2009 中人口数据计算，1000 万人口中约有小学生 81.3 万人（6～11 岁人口），中学生 50 万人（12～14 岁人口），另外财政支出中对城镇和农村小学生人均教育费差别约为 350 元，对中学生人均教育费差别约为 470 元，则市民化 1000 万人需要财政增加对中小学生教育经费约 5.2 万元，本文未考虑高中及以后的教育投入。

③　按财政对城镇和农村居民人均卫生费用差为 185 元计算。

④　由于缺乏准确的数据，这里没有考虑市民化对社会保障等其他政府支出的需求，不过由于这些政府支出很大程度上意味着政府支出结构的改变，因此从需求角度看对经济增长的影响较小。

收入的 2.2% 左右①。

第五，综合反馈影响。在实际经济中，除了直接影响以外，还会由于各种经济活动的反馈作用产生间接影响，例如由于房地产投资的增加，会增加居民收入，从而进一步增加居民消费，政府收入也会随着消费和投资的增加而相应增长，因此综合影响往往要大于直接的影响，表 2.10 显示了市民化的直接影响和综合影响。

表 2.10　基准年份（2010 年）农民工市民化的直接影响和综合影响 单位：亿元

	基准情景	直接影响	综合影响
农村居民消费	46525.9	−680.0	−330.4
城镇居民消费	97206.0	920.0	1854.8
政府消费	53864.8	60.2	576.4
固定资本形成	155812.0	0.0	1584.5
净出口	16339.4	0.0	−83.0
GDP	369748.2	300.2	3602.2

数据来源：模型计算结果。

（2）市民化对经济结构的影响。市民化不仅影响着经济增长速度，对于经济结构也会产生一定的影响。首先，城镇居民和农村居民相比，其恩格尔系数更低，对服务的消费比重和水平更高；其次，政府对公共服务支出的增加也有助于促进服务业的发展，总体来看，农民工市民化有助于提高服务业的比重（见表 2.11）。

表 2.11　　　　　农民工市民化对三次产业结构的影响　　　　单位：%

情　景	产　业	2010	2011	2012	2013	2014	2015
	第一产业	9.99	9.46	9.26	8.73	8.48	8.03
基准情景	第二产业	46.83	46.26	45.29	44.69	43.82	43.06
	第三产业	43.18	44.27	45.45	46.58	47.71	48.91

---

① 市民化人口的增加还将增加对住房以外的其他市政基础设施的需求，本模型没有考虑这部分影响，一是由于缺乏准确的数据，另一方面是因为本文市民化的人口主要是已经在城市工作的农民工，可以认为已经为其提供了相当的市政基础设施。

情　景	产　业	2010	2011	2012	2013	2014	2015
市民化情景	第一产业	9.98	9.44	9.25	8.70	8.46	7.99
	第二产业	46.80	46.25	45.24	44.65	43.74	42.98
	第三产业	43.22	44.31	45.52	46.66	47.80	49.03

数据来源：模型计算结果。

（3）市民化对居民收入的影响。随着市民化促进经济增长，农村和城镇居民的收入水平有显著增加，其中农村居民的收入增长幅度大于城镇居民。这是由于随着农村居民和劳动力的减少，农村劳动力的边际产出提高，而且市民化人口也不可能将所有原先土地收益全部转移出去，因此农村居民的土地收益有所增加，因此从事农业的人均收入增长更为显著。

表 2.12　　　**两种情景下居民人均收入水平及其变化（2010 年）**　　　单位：元

居　民	分组（%）	基准情景	市民化情景	增长（%）
农村居民	低收入户（20）	3373.8	3421.8	1.4
	中低收入户（20）	5249.1	5304.5	1.1
	中等收入户（20）	7423.2	7501.5	1.1
	中高收入户（20）	10501.3	10641.6	1.3
	高收入户（20）	19863.6	20156.2	1.5
城镇居民	最低收入户（10）	7072.9	7120.0	0.7
	低收入户（10）	11149.3	11233.3	0.8
	中等偏下户（20）	15752.9	15873.8	0.8
	中等收入户（20）	21450.3	21424.2	− 0.1
	中等偏上户（20）	30045.6	30256.9	0.7
	高收入户（10）	45270.0	45608.3	0.7
	最高收入户（10）	93474.9	94234.0	0.8

数据来源：模型计算结果。

综合上述分析可见，推进农民工市民化，提高城镇化质量，不仅有助于促进我国的经济增长，也有助于改善我国的产业结构，缩小收入差距。下面分析推进城镇化的战略和政策。

四、高质量、快速度推进城镇化进程的战略和政策

在现有基础上，高质量、快速度地推进城镇化，其基本途径不外乎两个。一个是农村人口进入现有城市，以及新发展壮大的城市中就业和定居；另一个是通过本地居住点的集中，逐步发展形成新的城市和城镇。

这两个途径都涉及人口在城乡和区域之间的流动。城镇化必须全国一盘棋地推进，而不能在各个行政区域范围内分割推进。城镇化直观上是城乡关系问题，而目前各地立足自身财力和自身户籍人口，在辖区内统筹城乡发展，实现基本公共服务和社保的一体化，迈出了或大或小的步伐。但是区域之间人口流动和迁徙没有很大进展。城镇化问题越来越兼具城乡关系和区域关系两重特征。

区域协调发展不是所有生产要素在国土面积上平摊，而是资本、劳动力和产业相对集聚的过程。人口流动受限制和劳动力市场分割，是中国目前最大的、影响最为深远的市场分割。人是生产力中最为活跃和能动的因素，会对所有其他生产要素的流动发挥先导性的作用。人口不能在区域间优化配置，则其他生产要素也不能优化配置，必须进行改革，以此带动农村居民城镇化全面转型。这需要一系列深层次的体制变革和政策支持。

1. 促进城镇非农就业岗位持续增长的政策

前面的分析表明，缩小二元差距需要通过城镇化创造大量非农就业岗位，城镇的非农就业机会的工资率高于农村的农业就业的水平。随着城镇非农就业机会的不断增长，人口可以在城市中通过自身的工作而在其中稳定地生活、工作。此外，未来大量新增劳动力受教育水平高，也

主要在城镇中寻找非农就业机会。因此，城镇非农就业机会的创造，是城镇化健康发展的基本要求。

而非农就业机会的增长，主要靠市场，但也离不开合理的政府政策。具体包括几个方面。第一，取消行业准入限制，特别是服务业的准入限制，降低企业注册门槛，促进城镇劳动密集的中小型企业的制造业和服务业企业的发展。第二，积极发展中小银行，对中小企业的发展提供有效的金融支持。第三，要保持劳动力市场的灵活性。

2. 完善基本公共服务和社会保障制度和政策

第一，切实转变观念，全面认识完善基本公共服务和社会保障体系的重大意义。

（1）提供普惠、高效的基本公共服务，是政府必须履行的职责，对于促进经济社会发展具有重大意义。大量的研究表明，初中等教育投入的社会回报率是相当高的，能够有效提高一国的人力资本质量和竞争力。义务教育的普及和社保体系的完善，可以提高劳动力的流动性，促进经济发展，加快城镇化进程。

（2）建立完善的社会保障体系是通过社会力量处理现代社会带来的种种风险的必要的制度安排，有助于建设全国统一的劳动力市场，这样的市场建立和完善之后，人口和劳动力的流动和集聚将引导其他生产要素的流动、集聚和优化配置。

（3）改善基本公共服务和社会保障体系，也有助于改善储蓄和消费的相对结构，提高国民消费倾向，带动国内需求的持续稳定增长，促进国内发展方式的转变。适当提高统筹层次，有利于改进全社会抵御风险的总体效率。

（4）在市场经济体制基本建立后，政府的主要职能要从改善硬的基础设施等直接参与经济建设的职能，转向主要负责维护有效竞争的秩序和提供公共服务，以及建立完善社会保障体系和提供社会保障方面。从国际经验来看，在和我国接近的发展阶段上建设均等的公共服务和社会保障体系的可能性和先例是有的，许多国家如日本、韩国等，甚至在更早的发展阶段就在教育等领域实现普惠和公平。英国在 20 世纪 40 年代末、日本在 20 世纪 60 年代、韩国和我国台湾在 20 世纪 80 年代着手建立全国（全地区）统一的公共服务和社会保障体系，有力地支持了这些国家和地区的经济增长，推进了城镇化和现代化进程。大部分国家的实践也表明，全国统一的制度框架，以及健全的纵向和横向转移支付，是实现公共服务和社会保障制度均等化体制保障。如德国的转移支付制度，保证了各地人均公共服务可用财力均在全国平均线上下 5% 的范围内，较好地实现了基本公共服务和社会保障均等化。

第二，要明确完善基本公共服务和社会保障体系的正确方向。我国基本公共服务和社会保障制度的基本格局应该是，"人口全覆盖、制度统一、可在地区和部门间顺畅结转、服务和保障水平与各地物价水平以及个人缴费积累情况相挂钩"。2009 年 12 月 28 日，国务院办公厅转发了人力资源社会保障部、财政部《城镇企业职工基本养老保险关系转移接续暂行办法》。该办法参加城镇企业职工基本养老保险的所有人员（包括农民工）跨省、自治区、直辖市（以下简称跨省）流动，并在城镇就业时基本养老保险关系的转移接续，做出了明确的规定。对于迈向全国统筹的社保体系迈出了重要步伐，要加快贯彻落实。不过，目前的办法仍然立足于省级统筹。此外，新型农村养老保险和城镇养老保险的接续办法，也还没有明确。应该继续创造条件，走向不分身份的全国统筹。

第三，通过完善社会保障立法，建立统一、健全的社会保障制度。以法律形式建立社会保障制度是普遍的国际经验。我国现有社会保障的相关制度，都是以行政法规和部门规章的形式确立的，立法层次较低，缺乏较高的法律效力。虽然宪法在公民权利中规定了公民享受社会保障的权利，但是，宪法规定的权利需要落实到具体的法律上。为此，应该加快相关立法，明确相关的事权和财权。

第四，"十二五"时期，着力落实十七大提出的"学有所教、劳有所得、病有所医、老有所养、住有所居"要求，重点解决义务教育的普及和社保体系的全国统筹问题，促进基本公共服务和社会保障的均等化。

（1）需要在继续保持经济分权基本原则的前提下，根据义务教育等基本公共服务项目以及社会保障体系的特点，强化中央政府担负统一制度的职责和统筹资金收支的权限；明晰各级政府在基本公共服务和社会保障日常运行方面的分级管理权责。

（2）义务教育等基本公共服务和社会救济项目，不分城乡区域，符合条件的国民均有享受资格，要健全转移支付体系，设立义务教育专项支付体系，资金跟着学生的常住地或父母就业地走，而不是按照其户籍所在地进行分配，保障所有适龄学童能够接受义务教育，特别是保障农民工子女在父母就业地接受义务教育。这要求有准确、及时和全面的户政信息。

（3）高中入学资格和大学入学报名资格，也应该有条件地向流动人口子女开放，如在本地就业和生活超过一定时间，则允许子女在本地就读高中和参加大学考试。

（4）养老和医疗等社会保障项目融资来源设置单另的税种，全国集中统筹使用，收支盈余的地区全部解缴中央政府，收支不足地区中央政府负责补足。也可以考虑直接设置为中央税，直接全部上解中央后，由中央财政根据各地常住人口拨付。这也要求准确、及时和全面的户政信息。

（5）重点解决好区域之间、城市之间社会保障的可接续问题，使得流动就业人口在变换就业地时，不用提取其缴纳的个人账户积累，进而保护其继续缴费和留在社会保障体系内的积极性。正在试点的新农保也要加快其和城镇保障体系两者之间，以及跨区域之间的可接续性。一旦可接续性有了保障，农民工对社会保障体系的保障功能就有了长期稳定的期望，就有了参保的积极性。全国保障体系的财务可持续性才有更好的保障。当然，最终的方向是实现全国统筹。

第五，多渠道筹集和补充基本公共服务和社会保障的可用资金，提高社会保障体系财务可持续性，为人口年龄结构的重大变化，以及城镇化推进和经济发展对公共服务和社会保障提出的更高要求，提前做好准备。

（1）推进政府职能由投资建设型向公共服务型转变，实施"发展型社会政策"，调整中央财政支出结构，逐步提高公共服务支出占财政支出的比重。

（2）把国有资本运营收益中一定比例用于基本公共服务和社会保障资金的做法制度化、规范化；划拨一部分国有资产作为社保资金的股权。

3. 完善保障性住房政策

在城镇化快速推进的过程中，我国住房保障方面的突出矛盾依然是保障需求快速增长和保障能力不足之间的矛盾，建立和完善系统、公平、高效的城镇住房保障体系的问题日渐急迫。政府急需转变政策制定的基本理念，即由保障居民"人人有住房"转变到保障居民"人人有房住"，由保障中低收入家庭的"房产权"转变到优先保障他们的"居住权"。现阶段，保障性住房政策应遵循"保基本、广覆盖"的原则，以保障居民最基本的住房条件为目标，以为低收入者提供廉租房为重点，使我国城镇化之路更为顺畅。具体的政策建议如下：

一是将解决低收入家庭住房困难，作为基本公共服务面向全体居民提供，无论是城市居民或是农村居民，或是外来务工人员，都应按照收入水平、居住年限等准入条件，平等享受国家保障性住房政策，在其常住地享有与本地区居民平等的权益，以更好地适应未来城镇化过程中人口流动加剧的新趋势，实现十七大提出的"住有所居"的目标。初始阶段享受住房保障的准入条件可高一些，保障水平可低一些，以后随着国家实力的增强，逐步放宽准入条件，提高保障水平。但从一开始，必须建立全国统一的制度，取消现行的户籍（身份）歧视性政策，逐步推行常住地管理政策。

二是建立以中央财政为主的住房保障资金来源渠道，进一步明确中央政府和地方政府在住房保障上的事权和财权。保障性住房作为中央政府面向全民提供的基本公共服务，中央政府应按照全国统一的最基本住房保障标准，确保住房保障资金的稳定投入。并参照各地区成本、需求、财力等各方面的差异，加快完善转移支付制度，加大中央政府对财力较少地区的保障性住房的建筑补贴，以平衡各地区保障住房建筑方面的财力差异。地方政府要保证保障性住房的土地供应。在确保资金来源的同时，中央政府要加强对地方政府的监督管理，加强专项资金的预算收支管理，发挥社会公众的舆论监督作用，促进地方政府履行好保障性住房的建筑、运行管理等职责。

三是完善保障性住房的管理，最重要的是要确立保障性住房封闭管理、透明运作的管理体制。

（1）加强廉租房、经济适用房等多种保障性住房的中长期整体规划，并将其纳入城市规划和土地、财政等支持性政策之中，避免保障性住房"应急式"建设，为未来解决住房问题留下隐患。

（2）建立严格的保障性住房的申请标准和资格审查程序，以及动态监管机制和严格的退出机制，避免高收入阶层挤占住房保障资源，促进有限的住房保障资源能够公平合理的分配，为真正需要保障的居民提供保障。海外一些国家实施保障性住房政策效果欠佳的主要教训就是政策定位不当、监控机制失灵、分配机制错位、居住整体质量差而导致公共住房社区标签化等等，我国在推进新型城镇化过程中应深刻汲取以上教训。

（3）加强保障性住房的管理维护以及公共服务设施的配套，避免形成新的"贫民区"，留下社会隐患。

四是探索实施多种保障性住房的供给形式。租金补贴、实物配租、贴息、低息租金贷款、税收优惠等多种形式并举，梯度改善居住水平。为缓解廉租房源的短缺，鼓励低收入者自行到市场选择租赁住房，政府按一定标准提供租金。鼓励企业在大型工业区附近，建造流动人员居住的小区，可实行土地费用的优惠，但建成的住房只能由外来务工人员享用，不能在市场上销售，纳入廉租房的监管体系。加大对市场空置商品房的收购力度，政府从开发商处低价收购长期空置的商品房，按照廉租房的标准对其进行必要的改建等。

4. 配套政策

首先，在完善基本公共服务和社会保障基础上，按"一加强、一脱钩"的总体思路，逐步推进户籍制度改革。作为世界上人口最多的国家，我国需要强化人口户政管理体系，对其担负的户政和人口信息采集管理体系的职能，以及作为居住、就业地备案的职能，只能加强不能削弱。运用现代化的手段，实现信息化、网络化、即时化，便利于人口信息管理，便于转移支付的实施，也便于社会治安管理。要简化备案手续，并规定迁移者变更长期居住地的备案责任。社会保障获取资格，以及劳动力市场准入资格，要从户籍制度上剥离脱钩，允许人口自由流动。公安部门单独执行的迁入许可，以及公安部门和其他部门（如人力资源和社会保障部门）联合执行的迁入许可，逐步取消。

按照这样的总体思路和方向，应该允许各地在辖区内放开城乡户口限制，并鼓励各地逐步降低门槛，接纳辖区外人口流入本地并享受本地的公共服务和社保。

其次，健全和完善区域间财政转移支付体系。在健全的人口信息系统的支持下，结合各地物价水平，逐步使得财政转移支付后各地可用于基本公共服务和社会保障方面的人均（按常住人口而非现行的财政供养人口或户籍人口计算）财力的购买力，接近于全国平均水平。

执笔人：陈昌盛　许召元　刘培林

附录一：城镇化对经济增长影响的文献综述

已有大量研究表明，城镇化水平与经济增长之间存在着显著的正相关关系，城镇化是推动现代经济增长的重要动力。钱纳里（1957）通过对世界各国的人均国内生产总值和城镇化水平进行统计分析，发现城镇化水平越高，人均国内生产总值也越高。Henderson（2000）还进一步计算出世界各国城镇化与人均 GDP 对数变量之间的相关系数高达0.85。周一星（1997）利用 1977 年世界上 157 个国家和地区的数据，发现城镇化和经济增长之间存在着十分明显的相关关系。城镇化对我国经济发展的推动同样明显。世界银行（1996）用 1978～1995 年间的数据，估计了劳动力从农业部门转移到非农业部门对我国经济增长的贡献率为 16%。Cai & Wang（1999）采用与世界银行相同的估计方法发现，1978～1997 年劳动力转移对中国经济增长的贡献率为 20.2%，是改革开放以来支撑中国经济增长的重要因素。但由于关注的角度不同，对于城镇化对经济增长的作用机制和渠道，不同的学者有不同的看法。

Fujita et al（1991）和 Venables（1996）分析了城镇化影响经济增长的微观机理。在要素流动驱动模型和投入—产出联系模型中，他们证明了人口和经济活动的地理集中会产生多方面的外部经济性，如需求关联和成本关联的循环累积因果效应、劳动力市场的共享效应和信息技术的外溢效应等，从而得出了城镇化会通过"集聚效应"和"规模效应"促进经济增长的结论。

Zhang（2002）认为，城镇化可以通过降低生育率和促进人力资本积累来提高经济增长的速度。他们对此的解释是，由于没有养老保险，农村居民只有通过提高生育率来保证其晚年的消费，此外，与农村居民相比，城镇居民的生育率更低，对子女的教育投入更多，人力资本水平更高。因此，随着城镇化水平的提高，农村居民在整个人口中所占比重下降，整个社会的生育率会随之下降，而人力资本积累更快、水平更高。

钱陈、史晋川（2006）认为，城镇化可以通过提高农业生产率来影响经济增长。他们的论证思路是：农村人口向城市和工业部门转移，促进了中间工业品生产效率和总产量的增加。而中间工业品的不断丰富会导致其价格的下降，因此农民会更多使用化肥、农药和农机具等中间工业品，于是农产品的生产效率不断得到提高，并使更多的人口可以从农业和农村中转移出来。同时，在城市土地集约利用的假设下，农业人口向城市的转移还会导致农村人均耕地面积的上升，进一步提高农业生产率。

沈凌、田国强（2009）考察了城镇化通过创新影响经济增长的途径。在他们的模型中，假设城市和农村人口的区别仅仅在于城市人口拥有更多的社会财富，比如公共医疗、公园、公共交通等。由于高收入者比低收入者更有能力和意愿出高价购买创新商品，所以通过城镇化提高高收入者的比重，将比直接提高低收入者的收入更有利于创新和经济发展。

吴福象、刘志彪（2008）以长三角16个城市为研究样本，在城镇化和经济增长的模型中引入贸易、投资、消费和研发等变量进行检验，他们的结论是在长三角城镇化群落中，城镇化作为经济增长的新引擎，分别通过城市人力资源积累而产生的专利权申请成功率和城市功能创新的固定资产投资两个渠道分别发挥作用的，消费和贸易在城镇化提升经济增长中的作用并不明显。

另外，一些相关研究则认为，城镇化可以通过缩小收入差距影响经济增长。托达罗和罗尔斯认为，收入差距的缩小可以通过提高低收入者的消费需求以及提高人们的工作热情，从而提高经济效益，促进经济增长。Raunch（1993）、陈宗胜（1994，2000）认为，城镇化缩小收入差距的基本机理是：随着农村人口流入城市，一方面使农业劳动力的相对稀缺性不断加剧，农业报酬开始增加，从而缩小了工农业部门的收入差距；另一方面，由于农业部门内部高收入人群不断进入城市，使得农村内部的收入差距不断缩小。因而，可以认为城镇化可以通过缩小收入差距来影响经济增长。

值得注意的是，以上这些研究城镇化都是指农村的居民迁往城市这一过程，在这个过程中，迁移的农民不仅仅在所从事的职业上发生了转换，而且在地域和生活方式和上也发生了相应的变化，即默认城镇化与农民市民化是同步进行的。而我国的城镇化却并不具备此特征，由于户籍制度，特别是附加在户籍制度上的城市居民福利和农村居民福利差别的限制，大部分在城镇居住半年以上被称为城市人口的农民工，仅仅只是实现了在职业上的转换，而其生活方式和消费观念等仍未发生转变，仍未成为真正意义上的"市民"。我国这种特殊的"城镇化"模式，使得城镇化对经济增长的促进作用大打折扣。

关于农民工市民化究竟如何影响需求和经济增长，现有的研究文献较少，但部分研究反映了我国这种特殊城镇化模式存在的问题。根据章铮、乔晓春等人（2009）测算，如果按照 2006 年制度情况，并假设每年工资实际增长率 2%，一对农民工夫妻（有一个孩子）如果要满足进城定居的基本条件，最少需要在城市连续工作 21 年。从他们测算的模型看，导致农民工进城定居最大的几个障碍是住房、孩子教育和年老后的生活保障预期（养老问题），其中住房问题尤为突出。齐红倩、刘力（2000）以农民收入水平偏低是中国国内市场疲软的根本原因为出发点，论证了中国这种"离土不离乡"的城镇化模式，并不能通过提高农民的收入来解决国内市场疲软的问题。认为在这种模式下，农民的身份不变，收入得不到保障，不能完全割断同土地的联系，随时都有重新从事农业生产的可能，多余劳动力没法转移阻碍了农业劳动生产率的提高。

也有部分研究估计了我国这种低质量城镇化对经济发展的影响。Henderson（2000）在估计出城市规模与劳动生产率之间的关系后，根据中国各城市的劳动生产率得出大部分城市都没达到最优规模的结论，他认为这是由于中国户籍制度造成的，并且计算出那些在最优规模 50% 以下的城市，如果达到了最优规模，其劳动生产率将会提高 40%。世界银行（2005）以 2001 年为基期，模拟取消户籍制度后城镇化对经济增长的影响，其结果显示，1% 的劳动力从农业部门转移出来将使 GDP 增长 0.7%，10% 的劳动力从农业部门转移出来将使 GDP 增长 6.4%。

附录二：农民工市民化对经济增长的影响：理论分析

为分析农民工市民化对经济增长的影响，本文在 Henderson（1974）和 Black and Henderson（1999）城市化模型基础上，将城市人口区分为城市本地居民和外来务工人员，以此特别讨论农民工市民化对经济发展的影响途径和机制，分析施加在农民工进城务工上的各种限制将如何影响劳动力转移，城市规模以及经济增长。

（一）基本模型

假定经济中存在着两个经济生产部门——农村和城市。设 $L = l_a + l_u$ 表示经济中的总人口数量，l_a 表示农村人口数量，$l_u = l_{u1} + l_{u2}$ 表示城市人口数量，其中 l_{u1} 表示城市中本地居民的数量，城市本地居民的数量是外生给定的，l_{u2} 是城市外来务工人员的数量。我们假设农村居民可以在农村和城市自由流动，即农村居民可以自由转化为城市中的农民工，但不能自由转化为本地居民。

1. 城市部门生产

假定城市本地居民和外来人员都生产相同的产品（工业品），其产出取决于其劳动力的人力资本水平：

$$Y_{ui} = A l_u^\alpha h_u^\beta h_{ui}^\gamma, \qquad 0 \leqslant \alpha < 1/2 , \ \beta + \gamma \leqslant 1[1] \tag{1}$$

这里 Y_{ui} 表示城市中的单个生产者 i 的产出水平，$l_u = l_{u1} + l_{u2}$ 表示城市中的人口数量，h_{ui} 表示 i 的人力资本水平，h_u 表示城市中平均的人力资本水平。在（1）式所描述的生产函数 $l_u^\alpha h_u^\beta$ 度量了城市规模对劳动生产率的外部性（见 Fujita and Ogawa，1982），α 度量了城市人口数量的产出弹性，β 度量了城市中平均人力资本水平的产出弹性，γ 度量了单个生产者的人力资本的产出弹性。

---

① 假定 $0 \leqslant \alpha < 1/2$ 保证均衡的存在。

城市中生产者的工资水平由工业品的价格水平和生产效率决定，即：

$$W_{ui} = pY_{ui} \tag{2}$$

其中 P 为工业品的价格水平。假定城市中的生产者具有相同的人力资本水平，这样在均衡时，工业品总产出水平是

$$Y_u = \sum_i Y_{ui} = Al_u^{\alpha+1}h_u^{\beta+1} \tag{3}$$

从（3）中我们看到，城市人口数量的增加，对于城市总产出具有规模效应。

2. 农业部门生产

我们假定农业经济部门的生产函数为

$$Y_{ai} = Bh_a^{\varepsilon}h_{ai}^{\delta} \tag{4}$$

这里 h_{ai} 和 h_a 分别表示农村中单个人和平均的人力资本水平。在（4）式所描述的生产函数中我们看到，人口数量并没有规模经济效应，但是知识具有外溢性。

农村的工资水平由其生产效率决定，且假定农产品的价格为 1（为标准价格），则

$$W_{ai} = Y_{ai} \tag{5}$$

我们假定农村中的生产者具有相同的人力资本水平，这样在均衡时，农村的总产出水平是

$$Y_a = \sum_i Y_{ai} = BL_ah_a^{\varepsilon+\delta} \tag{6}$$

3. 居民行为

为研究城乡居民的对不同商品的需求情况，我们假定居民的效用函数为

$$V = \left(x_c + a_c^{\xi}\right)^{\sigma} \tag{7}$$

这里 x_c 表示居民对工业生产品的消费量，a_c 表示对农产品的消费量，$\sigma = 1/(1-\xi)$，$0 < \xi < 1$ 度量了农产品的价格弹性。在关于工业生产品拟线性的效用函数的假定下，农产品的消费没有收入效应，这也就是说，居民收入的多少并不影响他们在农产品上的消费数量。假定农产品的价格为 1，于是城乡居民对农产品的需求可以表示成

$$a_c = \left(\xi p\right)^{\frac{1}{1-\xi}}。 \tag{8}$$

城市本地居民、农民工以及农村居民对工业品的消费需求可以分别表示成

$$px_{1c} = (1-s) I_1 - (\xi p)^{\frac{1}{1-\epsilon}} \tag{9}$$

$$px_{2c} = (1-s) I_2 - (\xi p)^{\frac{1}{1-\epsilon}} \tag{10}$$

$$px_{ac} = (1-s) W_a - (\xi p)^{\frac{1}{1-\epsilon}} \tag{11}$$

这里 I_1，I_2，W_a 分别表示城市本地居民、农民工以及农村居民的实际收入水平，s 表示居民的储蓄率，在后面的分析中我们假定居民将其收入的 s 比例用于储蓄，以形成人力资本的积累。从上面关于需求的分析中，城市本地居民、农民工以及农村居民之间收入的差异将会造成不同居民在工业品消费上的差异。

4. 政府行为

我们考虑最简单的城市空间结构（Mohring，1961），假定城市中的所有生产活动都集中在城市的中心区域，城市中的所有居民都居住在以中心区域为圆心的同心圆内。由于居民广泛地分布在城市的各个点上，他们需要支付到城市中心区域从事生产活动的往返交通费用。设单位距离上的交通成本是 $p\tau$。假定每个居民的居住面积单位化为 1，城市本地居民和外来务工人员的居住地均匀地分布以中心区域为圆心的同心圆上，但需要向市政部门缴纳房屋租金，这样，房屋出租市场上的均衡将会使得其费用呈梯度状分布，房租以城市为中心向外围逐渐递减，在城市中心区域房租最高，距离城市中心最远的地区房租为零。每个城市居民都将面临房租和交通成本之间的权衡取舍①。类似 Mohring（1961）

---

① 设基础设施费用是居住地到城市中心区域距离 d 的函数，记为 $R(d)$，设单位距离上的交通成本是 $p\tau$，所以居民从居住地到中心区域的交通费用是 $p\tau d$。这样，总的生活成本是 $R(d) + p\tau d$。设城市的半径为 r_u，由于每个居民的居住面积单位化为 1，所以 $\pi r_u^2 = l_{u1} + l_{u2}$，即 $r_u = \pi^{-1/2} (l_{u1} + l_{u2})^{-1/2}$。由于在均衡的住房市场上，城市最边缘的租金为零，这样住房市场的均衡要求 $R(d) + p\tau d = p\tau r_u$，即在不同地点上的基础设施费用可以表示成 $R(d) = p\tau(r_u - d)$。这样，城市居民（包括农民工和城市本地居民）所有缴纳的全部基础设施费为 $\int_0^{r_u} 2\pi d \cdot R(d) \triangle d = \frac{1}{3} p\pi\tau r_u^3 = \frac{1}{3} p\pi^{-1/2}\tau (l_{u1}+l_{u2})^{3/2}$。同理，城市居民所支付的交通费用为 $\int_0^{r_u} 2\pi d \cdot p\tau d \triangle d = \frac{2}{3} p\pi\tau r_u^3 = \frac{2}{3} p\pi^{-1/2}\tau (l_{u1}+l_{u2})^{3/2}$。

的方法，我们可以计算得到城市居民的总房租和总交通成本（城市居民和农民工都相同）：

$$城市居民总租房成本 = pdl_u^{3/2}/2 \tag{12}$$

$$城市居民总交通成本 = pdl_u^{3/2} \tag{13}$$

$$城市居民人均生活成本（3/2 \cdot pdl_u^{3/2}）/l_u = 3/2 \cdot pdl_u^{1/2} \tag{14}$$

其中 $b = 2/3\pi^{-1/2}\tau$，π 表示圆周率。方程（12）、（13）、（14）描述了城市居民的所有生活成本，这里我们看到，城市的边际生活成本随着人口的增加而增加。

我们假定市政部门收取房租，但把这部分房租再返还给城市居民中。为了区分本地居民和外来务工人员，我们假定政府对城市本地居民和外来务工人员的补贴标准不同。极端情况下，所有房租都补贴给城市本地居民，而在完全公平情景下，本地居民和外来务工人员补贴标准相同。当然，我们模型所假定的外来务工人员享受补贴低于城市本地居民只是他们没有真正获得城市居民身份的一种形式。事实上，在现实经济中存在着相当多的对外来务工人员的不平等待遇，比如说医疗、教育、社保等公共服务方面。

为了简单分析，我们设农民工获得补贴是本地居民的 $\theta \in [0, 1]$ 倍，这样 θ 越大，表示农民工市民化程度越高（$\theta = 0$ 表示农民工市民化程度最低，$\theta = 1$ 表示农民工和本地居民待遇完全相同，市民化程度最高），用 θ 的差别表示由于居民身份的差别而导致的待遇差异。

这样市政部门的预算约束是：$pbl_u^{3/2} - Tl_{u1} - \theta Tl_{u2}$ \tag{15}

这里 T 表示本地居民的人均补贴，$T = \frac{1}{2}pbl_u^{3/2}/(l_{u1} + \theta l_{u2})$，而农村居民获得的人均补贴为 θT。

5. 实际工资水平和价格水平

均衡时，各类居民的实际收入水平由其生产效率决定。这样，农产品生产方程（4）给出了农民的工资：

$$W_a = Bh_a^{\varepsilon+\delta} \tag{16}$$

工业品的生产方程（1）给出了城市居民（包括本地居民和农民工）的工资水平：

$$W_u = pAl_u^\alpha h\beta + \gamma_a \qquad (17)$$

这样，农民工的实际收入等于其名义工资扣除在城市的生活成本加上补贴：

$$I_2 = W_u - \frac{3}{2}pbl_u^{1/2} + \frac{1}{2}\theta pbl_u^{3/2}/(l_{u1} + \theta l_{u2}) \qquad (18)$$

因为农民可以在城市和农村之间自由流动（自由选择是否成为农民工），所以农村居民的实际收入水平必然等于农民工的实际收入水平，即：

$$I_2 = W_a = Bh_a^{\varepsilon+\delta} \qquad (19)$$

由此可得到城市劳动力（包括本地和农民工）名义工资水平 W_u 必然满足下式关系：

$$W_u = Bh_a^{\varepsilon+\delta} + 3/2 \cdot pbl_u^{1/2} - \frac{1}{2}\theta pbl_u^{3/2}/(l_{u1} + \theta l_{u2}) \qquad (20)$$

城市中本地居民的实际收入（用 I 表示）可表示为：

$$I_1 = Bh_a^{\varepsilon+\delta} + \frac{1-\theta}{2} \frac{1}{(l_{u1} + \theta l_{u2})} pbl_u^{3/2} \qquad (21)$$

根据（21）式，农民工市民化程度的提高会降低城市居民收入，但实际上这并不是一种"零和博弈"，因为农民工市民化可以提高城市规模，提高经济的总产出水平，因此总体上有利于居民收入水平的提高。

在均衡状态下，工业品的价格由方程（18）和（20）给出，即

$$p = (Bh_a^{\varepsilon+\delta})\left[Al_u^\alpha h_u^{\beta+\gamma} - 3/2 \cdot bl_u^{1/2} + \frac{1}{2}\theta bl_u^{3/2}/(l_{u1} + \theta l_{u2})\right]^{-1} \qquad (22)$$

6. 城市规模

从方程（4）和（6）中我们看到，农产品的总供给是 $Bh_a^{\varepsilon+\delta}l_a$，假设农产品只用于当期消费，如果总人口是 L，给定单个居民在农产品上的消费由方程（8）决定，那么农产品的总消费需求是 $L(\xi p)^{1/1-\xi}$，在

市场出清条件下，我们得到了下面的关系式：

$$Bh_a^{\varepsilon+\delta} l_a = L \ (\xi p)^{\frac{1}{1-\varepsilon}}$$

在均衡状态下，农村人口占总人口的比重可以表示成

$$(l_a/L)^{\xi-1} = \xi^{-1} \ (Bh_a^{\varepsilon+\delta})^{-\xi} \left[Al_u^\alpha h_u^{\beta+\gamma} - 3/2 \cdot bl_u^{1/2} + \frac{1}{2}\theta bl_u^{3/2} / (l_{u1} + \theta l_{u2}) \right] \quad (23)$$

由于假定城市本地人口 l_{u1} 和总人口 L 是外生给定的，因此（22）和（23）决定了城市规模 l_u 和工业品价格 p 的变化方程。

7. 人力资本积累

假定经济中的人力资本积累由农村部门和城市部门中的储蓄来决定，并且我们假定城市本地居民、农民工和农村居民具有相同的储蓄率，而且农产品完全用于当期消费，工业品一部分用于消费，一部分用于人力资本积累。这样，人力资本积累方程可以描述成：

$$\dot{H} = \ (sl_a W_a + sl_{u1} I_1 + sl_{u2} I_2) \ /p \quad (24)$$

这里 H 表示经济中总的人力资本存量，这里我们不失一般性假定城市本地居民在总人口中占有固定的比例，$l_{u1}/L = n$，并设 $h = H/L$ 表示人均人力资本存量，$g = \dot{L}/L$ 表示经济中的人口增长率。根据（24），我们可以得到人均资本存量的积累方程：

$$\dot{h}/h = \{s \ (1-n) \ W_a + snI_1\} \ (ph)^{-1} - g \quad (25)$$

均衡时 $h = h_a = h_u$，且人均人力资本存量满足 $\dot{h}/h = 0$，即满足

$$sB \ (h^*)^{\varepsilon+\delta} = \left(h^* g - sn\frac{1-\theta}{2 \ (l_{u1} + \theta l_{u2})}b \ (l_u^*)^{3/2}\right)p^* = 0 \ (\varepsilon+\delta \leqslant 1) \quad (26)$$

8. 总产出

总产出包括农产品和工业品，考虑到模型中我们是以农产品为标准化价格，这样城市化水平提高会降低工业品价格，因此我们采用不变价计算总产出（假设工业品和农产品价格均为1）。

$$Y = Bh_a^{\varepsilon+\delta} l_a + Al_u^{\alpha+1} h_u^{\beta+\gamma} \ (L - l_u) \ + Al_u^\alpha h_u^{\beta+\gamma} + Al_u^\alpha h_u^{\beta+\gamma}$$

$$= Bh_a^{\varepsilon+\delta} L + \ (Ah_u^{\beta+\gamma} - Bh_a^{\varepsilon+\delta}) \ l_u + Al_u^\alpha h_u^{\beta+\gamma} \quad (27)$$

（二）农民工市民化对经济的影响分析

前文分析了在农民工非市民化的情况下，消费者需求，价格水平，城市规模以及经济增长的决定因素。这里，我们用政府对农民工和本地居民补贴的差异来刻画农民工与本地居民待遇的差别，这种差别降低了农民工的收入水平，降低了农民工消费和城市化质量，也影响了经济增长。本小节讨论如果政府行为改变，调整其支出结构，缩小农民工与城市居民待遇差别以推动农民工市民化，对农民工收入、城市规模和经济增长的影响。

1. 农民工市民化对城市规模的影响

为简单起见，我们根据（23）式比较非市民化（$\theta = 0$，农民工不享受任何补贴）与市民化（$\theta = 1$，农民工享受同等补贴）两种情况下的城市人口规模：

当 $\theta = 0$ 时：$(l_a/L)^{\xi-1} = \xi^{-1} (Bh_a^{\varepsilon+\delta})^{-\xi} [Al_u^\alpha h\beta + \gamma_u - 3/2 \cdot bl_u^{1/2}]$

当 $\theta = 1$ 时：$(l_a/L)^{\xi-1} = \xi^{-1} (Bh_a^{\varepsilon+\delta})^{-\xi} [Al_u^\alpha h\beta + \gamma_u - bl_u^{1/2}]$

对上两式进行比较可以发现，农民工完全市民化情景下的城市人口数量要大于非市民化情景时的城市规模。从这个角度来说，施加在城市外来务工人员上的流动限制在一定程度上降低了城市化的规模，影响了城市化的进程。因此，推动农民工市民化进程，包括逐步给予农民工在医疗、教育、社保等公共服务方面的平等待遇，有助于进一步提高城市化水平。

2. 对农民工收入和居民收入差异的影响

由前面的分析可见，农民和农民工的实际收入水平相同且都等于 $Bh_a^{\varepsilon+\delta}$，而城市本地居民实际收入 $I_1 = bh_a^{\varepsilon+\delta} + \dfrac{1-\theta}{2(l_{u1}+\theta l_{u2})}pbl_u^{3/2}$，由此可见，当农民工市民化水平提高（即 θ 增大直至趋于1）时，城乡居民收入差距将相应缩小。

由于在我们的模型假定城市中工业品的生产效率具有人口的规模效应，或者说，城市中人口数量越多，那么工业品的生产效率越高。所以，农民工市民化可以提高城市规模，发挥规模效应，提高城市居民和农民工的收入水平，因此城乡收入差距的缩小并不是一个简单的收入转移过程。

3. 对总产出和经济增长的影响

为分析农民工市民化对经济增长的影响，我们首先分析市民化对人力资本积累的影响，（26）式给出了经济收敛到稳态情况时的人力资本存量，为简单起见，我们同样比较非市民与市民化两种情景下均衡的人力资本水平：

$$当\ \theta = 0 \qquad h = \frac{s}{g}\left[Al_u^{\alpha} h_u^{\beta+\gamma} - bl_u^{1/2} - \frac{1}{2}bl_u^{1/2}\left(1 - \frac{l_u}{L}\right)\right] \qquad (28)$$

$$当\ \theta = 1 \qquad h = \frac{s}{g}\left(Al_u^{\alpha} h_u^{\beta+\gamma} - bl_u^{1/2}\right] \qquad (29)$$

根据以上两式，当两种情况下的均衡城市化水平相差不大时，当 $\theta = 1$ 时的均衡人力资本水平更高，因此农民工的市民化可以提高，社会平均的人力资本积累水平，从而推动经济达到更高的均衡增长路径。

由于人力资本是工业品生产和农产品生产的重要生产要素（如方程（1）和（4）所示），社会平均人力资本存量的提高必然有助于提高总产出，加快经济增长速度。而且在另一方面，由于工业生产还具有很强的人口规模效应，所以，城市化进程的提高也将进一步增加社会总产出。具体地，根据方程（27）可见，在 $Ah_u^{\beta+\gamma} - Bh_a^{\varepsilon+\delta} \geq 0$ 时，市民化程度提高，因为可以提高城市规模，直接增加了总产出。

综上所述，推动农民工市民化，可以提高农民工收入，缩小城乡收入差异，可以扩大城市规模，发挥规模经济效应，可以提高人力资本积累的速度和水平，最终有助于提高产出水平，促进经济增长。

参考文献：

［1］Fujita，M.，and Krugman，P. and Venables A.，The Spatial Economy，Cambridge：MIT PresHenderson，"How Urban Concentration Affects Economic Growth"，The World Bank Policy Research Working Paper，No. 2326，Washington D. C.，2000

[2] Henderson,J. V. (1974), "The Sizes and Types of Cities," American Economic Review, 61, 640~56.

[3] Black,D. and J. V. Henderson (1999a), "A Theory of Urban Growth," Journal of Political Economy, 107, 252~84.

[4] Fujita,M. and H. Ogawa (1982), "Multiple Equilibria and Structural Transition of Non~Monocentric Configurations," Regional Science and Urban Economics, 12, 161~96.

[5] Henderson,J. V. (2004), "Urbanization and "Growth", Handbook of Economic Growth, Volume 1, P. Aghion and S. Durlauf (eds.), North Holland.

[6] Jie Zhang, "Urbanization, population transition, and growth", Oxford Economic Papers 54 (2002), PP91~117

[7] Meng,Xin and Nansheng, "How Much Have the Wages of Unskilled Workers in China Increased: Data from Seven Factories in Guangdong", in Ross Garnaut and Ligang Song (eds.), China: Linking Markets for Growth, Asia Pacific Press, 2007, pp 151~175

[8] Mohring,H. 1961. "Land Values and the Mea‐surement of Highway Benefits." Journal of Political Economy (June): 236~249

[9] World bank: "The Chinese economy: Controlling inflation, deepening reform", The World Bank Publicaiton, 1996, Washington, D. C.

[10] World Bank, "Integration of national product and factor markets: Economic benefits and policy recommendations", 2005, Report 31973-CHA

[11] Rauch,J., "Economic Development, Urban Underemployment, and Income Inequality", Canadian Journal of Economics, 1993, pp 901~918

[12] Venables,AJ., "Equilibrium Locations of Vertically Linked Industries", International Economic Review, 1996, Vol. 37, pp: 341~359

[13] Zhang Dandan and Xin Meng, "Assimilation or Disassimilation? -The Labour Market Performance of Rural Migrants in Chinese Cities", paper presented at the 6th conference on Chinese economy, CERDI-IDREC, Clermont-Ferrand, France, 2007, Oct.

[14] 陈宗胜. 倒 U 曲线的"阶梯形"变异. 经济研究.1994（5）

[15] 陈宗胜. 收入分配、贫困与失业. 天津：南开大学出版社.2000

[16] 李淋，冯桂林. 试析农民工的消费行为——宜昌市农民工消费的调查与分析. 社会主义研究. 1996（3）

[17] 李瑾. 论城市化进程中的低端需求——以城市摊贩问题为例. 城市问题.2009（3）

[18] 钱纳里. 发展形式：1950~1970. 李新华等译. 北京：经济科学出版社.1988

[19] 欧阳力胜. 进城农民工消费行为与消费方式探析——湘潭市进城农民工消费的调查与分析.

经济与管理.2006（4）

［20］沈凌，田国强.贫富差别、城市化与经济增长——一个基于需求因素的经济学分析.经济研究.2009（1）

［21］王曼.北京农民工消费与储蓄选择——基于实证基础上的理论研究.北京工商大学学报（社会科学版）.2005（6）

［22］吴福象，刘志彪.城市化群落驱动经济增长的机制研究.经济研究.2008（11）

［23］钱陈，史晋川.城市化、结构变动与农业发展——基于城乡两部门的动态一般均衡分析.经济学季刊.2006

［24］严善平.人力资本、制度与工资差别——对大城市二元劳动力市场的实证分析.管理世界.2007（6）

［25］曾国安，罗光强.关于居民收入差距的几个问题的思考.当代财经.2002（6）

［26］国务院农民工办课题组.中国农民工问题前瞻性研究.北京：中国劳动社会保障出版社.2009

［27］周一星.城市地理学.北京：商务印书馆.1997

专题
三

以提升产业中高端竞争力为重点的
产业优化升级战略

一、中国产业发展环境的变化

（一）产业发展的约束条件正在不断增加

改革开放以来，我国尤其是东南沿海地区，凭借廉价的劳动力和土地资源，在诸多产业领域发展成为世人瞩目的全球制造中心。进入新世纪后，随着我国人均收入水平的提高，劳动力成本不断攀升，土地和能源、原材料价格也出现全面上涨态势，原来产业发展所依托的土地、劳动力、能源和原材料的低成本优势已经逐步丧失，并正在转化为约束条件。与此同时，全球温室气体减排以及后金融危机时代美国消费模式的调整，都对我国产业的发展带来了新的挑战，客观上要求我国产业必须加快转型和升级。

1. 要素成本上升，原有产业市场空间缩小

第一，劳动力成本优势逐步减弱。随着我国人均收入水平的提高，农村可转移劳动力的减少，职工平均工资快速上涨，导致制造企业直接成本明显上升。2003 年我国制造业职工平均工资为 12496 元，到 2007 年则上升到 20884 元，年均增长 13.69%，高于同期人均 GDP 的增速。以农民工为例，国务院发展研究中心对全国 17 个省区的抽样调查结果

显示，2004～2006 年，农民工的人均月工资增幅分别达 2.8%、6.5%和 11.5%，增速呈逐年加快趋势。同时，随着近几年以养老、医疗、失业、工伤、生育保险为主体的城镇社会保障制度逐步建立，各项保险覆盖率大幅度提高，企业劳动力成本中所包含的社会保险费用也相应增加。

今后，随着我国人均收入水平的进一步提高、人口的日益老龄化和劳动年龄人口增长率的下降，以及随着劳工标准的提高、社会保障体系和劳动力市场各项法规的逐渐完善，我国企业的工资成本（包括劳动保障支出）不可避免地将继续上升。

表 3.1　　　　　　　　　2003～2007 年职工平均工资增长情况

年　份	全　国		制造业	
	职工平均工资（元）	增长率（%）	职工平均工资（元）	增长率（%）
2003	14040	13.03	12496	13.59
2004	16024	14.13	14033	12.30
2005	18364	14.60	15757	12.29
2006	21001	14.36	17966	14.02
2007	24932	18.72	20884	16.24
平均增长率	—	14.97	—	13.69

资料来源：根据《中国统计年鉴 2008》相关数据计算所得。

第二，土地资源紧缺直接推动了土地成本上升。土地作为稀缺资源，随着土地的逐步开发，其价格必然会不断上升。自 2001 年以来，随着我国经济进入重化工业快速发展阶段，我国土地价格一直保持了持续上涨局面。2002～2007 年全国主要城市地价年均增长 6.32%，其中，2007 年全国主要城市总体综合地价水平值为 1751 元/平方米，综合地价增长率为 13.37%，创历史最高点。工业地价在 2007 年涨幅更大，平均增长率高达 15.77%，高于同期商业和居住地价增长率。

目前，在东南沿海地区可供开发的土地已相当有限，大部分城市正面临无地可用的局面。如珠三角地区的深圳、东莞、佛山等城市，已基

表 3.2　　　　2002～2008 年全国城市地价平均增长率比较　　　　单位：%

	2002	2003	2004	2005	2006	2007	2008
综合	4.39	4.68	6.08	4.20	5.19	13.37	0.47
商业	4.99	6.52	6.67	4.03	4.62	10.53	—
居住	5.59	5.07	8.94	5.96	6.27	15.44	—
工业	3.19	2.39	1.92	1.62	3.29	15.77	—

资料来源：国土资源部。

本没有土地可供大规模开发。这意味着在今后一段时间内，土地资源的价格依然会保持上涨的态势，土地成本上升将不可避免地成为产业发展的一个重要制约因素。

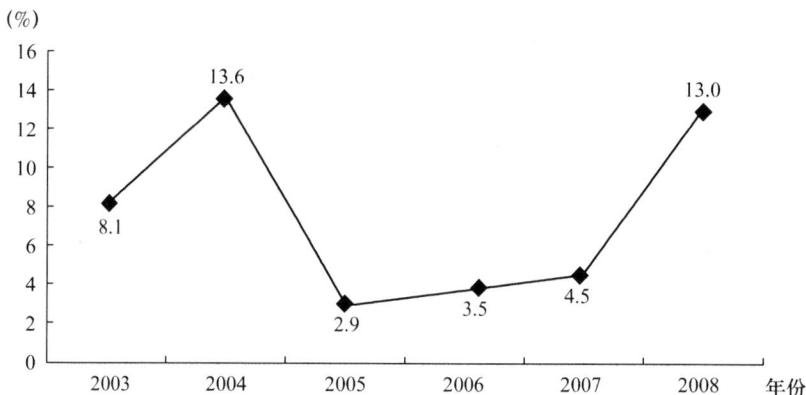

图 3.1　2003～2008 年全国生产资料价格总水平变化

第三，能源和其他资源的价格上涨直接带来了制造业生产成本的上升。近年来，我国在经济持续高速增长、生产加工能力不断扩大的背景下，对能源、原材料、矿产品、水资源等的需求越来越多，导致资源类产品价格全面上涨。统计显示，2003～2008 年全国生产资料价格总水平年均增长 7.6%。2008 年，全国生产资料价格总水平上涨 13%，其中主要钢材品种全国平均价格为 5467 元/吨，比 2007 年上涨 26.67%。由于资源类产品价格上涨传导到下游的加工制造业领域，直接带来了制造业产品的成本出现大幅上涨。

在上述因素的共同作用下，我国长期依赖的低成本竞争优势正在逐渐减弱，很多产业的扩张空间已经过去，产业增长空间正在缩小。可以判断，中国产业发展已经开始从劳动力低成本的比较优势，转向劳动力高成本背景下的竞争优势，这个转变过程必然会使要素成本进一步上升。这种形势下，通过创新提高劳动生产率、形成以技术进步为基础的新竞争优势的要求日益紧迫。

2. 后金融危机时代美国高消费模式的调整，对中国出口形成中长期的结构性制约

长期以来，世界经济形成了"三角形"的增长模式，即欧美发达国家的高消费带动了上游制造型国家和资源型国家的出口增长，上游制造型国家和资源型国家又通过为欧美国家的高消费进行融资而实现了世界经济发展的"双循环"。

20世纪90年代以来，美国私人储蓄率不断下降，尤其1994年以来，私人储蓄率一直低于5%（图3.2）。美国家庭之所以能够在过去十多年维持高消费，一个很重要的原因是资产价格一直在上升。而此次金融危机的爆发，造成资产大幅缩水，加之信贷紧缩，美国家庭必然要调整负债与收入的比例，也就是消费和储蓄的比例。我们看到，在金融危机过程中，美国私人储蓄率已从2008年第三季度的0.7%上升到2009年4月份的5.7%，相应地，美国家庭的消费已经出现大幅度地减少。

美国消费的调整对于未来世界总需求减少的影响非常显著。尽管目前随着经济的稳步回升，我国劳动密集型产品出口又开始回升。但从长期来看，后金融危机时代欧美国家消费模式的调整，必将对中国出口产生极大的制约，以前大规模的出口增长将难以持续。这是因为，在欧美发达国家，我国商品能够进入的程度已经达到了基本饱和的水平。如果要继续扩大我国商品在全球的市场份额，除了一些领域外，将越来越困难。其结果：一是传统的低附加值、低技术含量的劳动密集型产品出口将加速下降，并将使得我国具有劳动力成本优势的劳动密集型产业加速淘汰和转移。二是机电及高科技产品等新兴产品

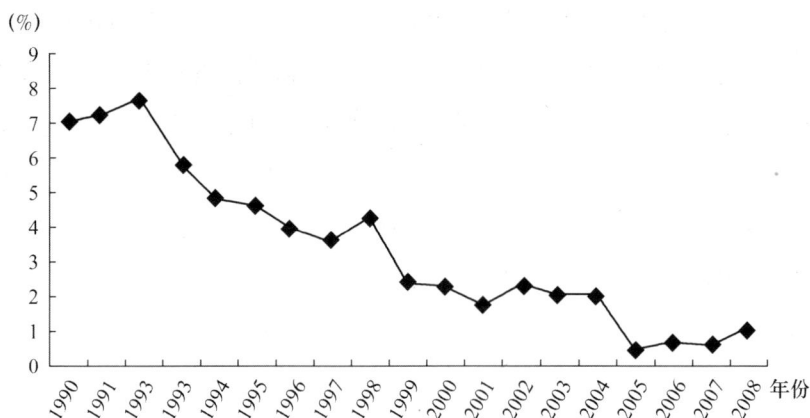

图3.2　1990～2008年美国私人储蓄率变化

资料来源：《美国总统经济报告2009》。

出口将受到更多的国际贸易壁垒的限制。受国际金融危机影响，新一轮贸易保护主义的抬头，必将使得我国机电及高科技产品等产品的出口遭受更多的贸易壁垒。

3. 全球性温室气体减排对产业发展带来了新挑战

伴随资源环境约束的不断加大，由温室气体的大量排放引发的全球气候变暖问题，已成为当前世界各国广泛关注的问题之一。温室气体减排或者说低碳经济其实质是同一单位的GDP要对应更少的碳排放，或者说要用同样数量的碳排放生产出更多的GDP。发展低碳经济，推进温室气体减排，必然将使生产过程与过去相比增加一层成本约束，付出更多的代价。这对正处入工业化过程的中国将有更大的冲击和影响。

首先，我国以煤为主的能源结构将使我国产业面临巨大的减排压力。在中国能源探明储量中，煤炭占94%，石油占5.4%，天然气占0.6%，这种"富煤贫油少气"的能源资源结构，决定了中国发展低碳经济的压力巨大。因为煤的碳密集程度比其他化石燃料要高得多，单位能源燃煤释放的CO_2是天然气的近两倍，这种以煤炭为主的能源结构相对于以其他能源为主的能源结构，必然会产生较高的排放强度。从能源消耗弹性系数来看，伴随中国重化工业进程的推进，自2001年中国能源消耗弹性系数开始大幅上升，由 0.4 提高到 2003 年的 1.5（图 3.3）。在国家对节能减排空前重视以及技术进步的推动下，能源消耗弹性系数有所下降，2007 年下降到 0.6。但与历史相比，能源消耗弹性系数仍然处于较高水平。因此，降低能源消耗、减少 CO_2 的排放量将成为未来较长一段时期内我国产业发展的重要任务。

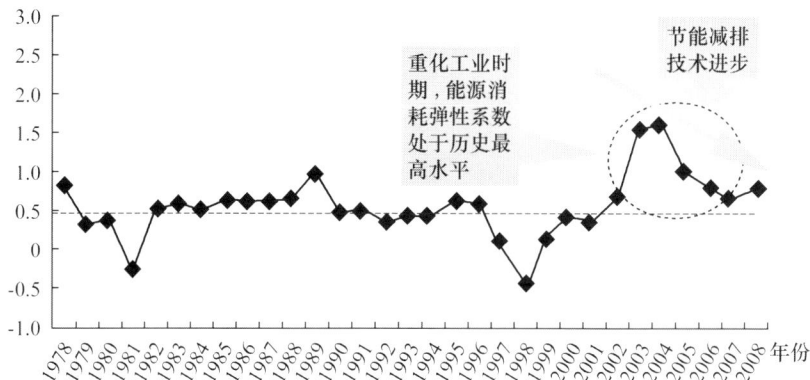

图 3.3　中国能源消耗弹性系数走势图

资料来源：CEIC

其次，中国处于重化工业发展阶段也决定了减排的成本较大。与轻工业和服务业相比，重化工业的显著特点是"高消耗、高排放"，对能源和资源依赖度较高。在"十二五"乃至 2020 年期间，我国将处于由工业化中期向中后期过度的阶段，重化工业的发展和城市化的加速将带来能源消费的持续增长，如果按照当前的产业发展模式，必然导致温室气体的高排放，产生一系列政治、经济、外交、生态等严重后果。这种严峻的挑战，客观上要求企业加大环保和技术创新投入，将环境成本内部化。而在环境成本内部化过程中，保护环境的支出最终将转移到企业身上，企业的环保投入增大，成本上升。但目前我国产业发展的客观事实是，产业以众多中小企业为支撑，缺乏大型的企业或企业集团，而中小企业由于资金和技术实力限制，节能减排的动力不足，必然导致产业发展面临着环保减排与快速发展之间的博弈。

（二）加快产业优化升级的新历史机遇正在到来

尽管从产业自身发展的优势条件和国际经济、社会环境的变化来看，当前我国产业发展面临的约束条件和不利因素在增加。但我们也应该看到，我国产业发展也面临着前所未有的重大机遇。

1. 后金融危机时代新技术革命成为世界经济发展的必然趋势，新能源技术等将成为推动产业发展的重要驱动力

历史经验证明，全球性的经济危机往往会催生新技术的革命。综观人类历史上三次技术革命，无论是以蒸汽机的发明与使用为标志的技术革命，还是以电力的发明、化石能源大规模使用为标志的技术革命和以计算机等高技术发展为标志的信息技术革命，都或多或少地与经济危机密切相关，也都是通过技术创新发展生产力，帮助世界经济从危机中走出来。

种种迹象表明，本次全球金融危机将会催生第四次技术革命。在后金融危机时代，生物技术、新能源技术将可能逐步取代信息技术，成为推动产业发展的主要动力，使经济摆脱危机，进入新一轮由新技术革命推动的产业发展周期。正因为如此，发达国家正在加快技术创新，推动新产业的发展，以期在新一轮技术革命中占领一席之地。如美国为实现经济的复苏和再次起飞，在奥巴马上任伊始，就在新一轮财政支出中划出400多亿美元用于新能源的开发，以获得新能源技术研究的重大突破。日本、法国、俄罗斯等国家也纷纷制定并出台了支持新能源技术和生物技术的措施（参见表3.3）。

表3.3　　　　　　　　主要国家推动技术创新的措施

国　家	措　　施
美　国	着力发展新能源技术。奥巴马在新一轮财政支出中划出400多亿美元用于新能源的开发，以获得新能源技术研究的重大突破
欧　盟	重在提高"绿色技术"和其他高技术至全球领先水平
日　本	重视环境能源技术的开发。根据日本内阁2008年9月发布的数字，在科学技术相关预算中，仅环境能源技术的开发费用就达100亿日元（约合1.1亿美元），其中创新性太阳能发电技术的预算为35亿日元

国　家	措　　施
俄罗斯	着力发展核技术。根据俄 2020 年前国家核能发展计划，在 2015 年前将投入 1 万亿卢布，用于发展核能技术及核工业，在今后 12 年内计划新建 26 个核发电机组
法　国	着力发展可再生能源。2008 年 11 月，法国环境部公布了一揽子旨在发展可再生能源的计划，该计划包括 50 项措施，涵盖生物能源、风能、地热能、太阳能以及水力发电等多个领域。同时，法国宣布建立 200 亿欧元的"战略投资基金"，主要用于对能源、汽车、航空和防务等战略企业的投资与入股

资料来源：根据相关资料整理。

以新能源、生物技术为代表的新一轮技术革命的出现，将使中国面临一个实现新技术变革、推动产业升级的重大机遇。同过去几轮技术进步阶段中国始终处于跟随状态相比，以新能源和各种节能技术为主导的新技术创新，更多地建立在传统成熟技术基础上，因此，中国基于过去 20 年工业发展所积累的成熟制造技术基础和研发能力，比以往任何时期都有可能达到世界先进水平。与此同时，作为世界上最大的能源消费国和二氧化碳排放国，新能源技术和先进节能技术在中国有着更为广阔的市场空间，容易形成规模经济，快速降低研发成本，并实现产业化。如果我们能够充分抓住了这个机遇，在未来世界经济版图上，中国完全有可能成为在一些重要技术和产业领域引领世界发展的领头羊。

2. 中国产业发展已形成了较好的规模经济和技术基础

中国要抓住以新能源、生物技术为代表的新一轮技术革命的机遇，加快推动产业升级和转型，是完全有可能的。这是因为，经过多年的发展，我国产业已形成良好的规模经济优势和技术条件。

第一，我国一些产业已具有较强的规模经济优势。经过多年的大规模生产，我国装备制造、电子信息等一些产业已形成良好的规模经济。就装备制造业而言，统计显示，近年来中国装备制造业增长速度不仅高于整个制造业，而且远高于国内生产总值。2008 年总产值已达 19630 亿美元，位居世界第二位。其中，发电设备产量、数控金属切削机床产量，均位居世界第一。在常规发电设备、输变电设备、港口装卸机械、水泥成套设备等制造领域，中国不仅早已替代进口，并已占领了重要的海外市场。

第二，中国的技术进步已由引进和模仿逐步进入自主创新阶段。近年来，在国家财政科技投入的引导和相关政策的支持下，企业研发投入不断加大，研发能力不断增强，正在逐渐成为技术创新的主体。据统计，按照国际可比口径，2008 年我国全社会 R&D（研究开发投入）占 GDP 的比重达到了 1.52%。全社会研究开发投入总量达到 4570 亿元。其中，企业研发投入的总额已经超过了 3380 亿元，占全社会研发总投入的比重超过了 74%。与发达国家相比，我国的研发投入总量排在美国、日本、德国、法国、英国之后，已是世界第六的研发投入大国[①]。

第三，中国已拥有一批研究能力较强的科技人才队伍。2008 年，我国科技人力资源总量已达到 4200 万人，位居世界第一，研究开发人员总量 190 万人/年，居世界第二位。SCI 论文数位居世界第 3 位，发明专利授权量居世界第 4 位。

可见，经过多年来的发展，目前中国产业在技术发展的各方面条件和要素上已经有较好的积累，已经有可能从过去的追赶，逐渐开始与发达国家齐头并进，在一些新的产业领域也有可能有新的突破。

综上分析，在要素成本上升、欧美国家消费模式转换、温室气体减排等因素的影响下，中国原有的依托劳动力低成本优势占领市场、粗放型的产业发展模式已难以为继，必须要有新的考虑，寻找新的发展方向，并构建新技术进步阶段和全球产业竞争的新格局中，能够支撑中国产业长期发展的新的竞争力平台。从以劳动力等低成本要素为核心的传统产业发展战略，向以技术创新能力等中高端竞争力要素为核心的产业

---

① 根据 2006 年数据排名。

优化升级战略转型，将成为支撑中国产业竞争优势持续提升的长期性战略任务。

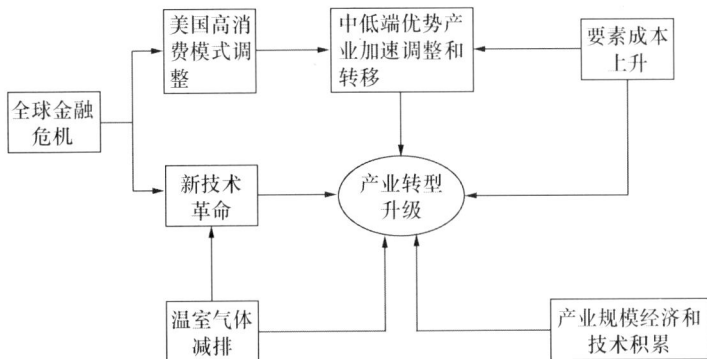

图 3.4　中国产业发展环境变化

二、我国企业竞争优势升级的途径和方向

面对要素成本上升等产业发展环境的变化，我国企业将越来越难以单凭成本优势应对国内外竞争。我国企业提升竞争力的根本途径是实现竞争优势的升级，即从低层次竞争优势向高层次竞争优势转变。为了解我国企业对竞争优势升级的方式及其特征，我们对数控机床、鼓风机、软件、工程机械、光伏产业、纺织、水泥、集成电路等 8 个行业的 16 家企业进行了访谈和问卷调查。尽管由于样本数量少而不具有统计意义，但这些企业都是行业中的领先企业，其看法颇具代表性和启发性。

（一）中高端竞争优势的内涵和特点

可以从"微笑曲线"和波特的竞争优势理论理解竞争优势升级的方式。

1. 竞争优势升级是从低层次竞争优势向高层次竞争优势转变

波特的竞争优势理论将竞争优势分为低成本竞争优势和差异型竞争

优势。低成本竞争优势并非仅指低成本的生产，而是指企业能比竞争者更有效率地设计、生产和营销产品。差异型竞争优势则是指为客户提供的独特而优异的价值，主要表现在产品质量、专业功能或售后服务等方面。企业的低成本竞争优势和差异型竞争优势都能转换为比竞争者更高的生产率。低成本竞争优势显示出企业能更经济地配置资源，差异型竞争优势则代表了单位产品更高的利润率。

波特认为，市场竞争要求企业必须不断更新自己的竞争优势，而企业在寻求新的竞争优势时，最重要的行动是创新。其所指的创新是广义的，包括改善技术和改进工作方法，对产品的改进、流程的改进、新的营销观念、新的促销方法等。

从竞争优势的可持续性上，波特又提出了低层次竞争优势和高层次竞争优势。低层次竞争优势主要指成本优势，如，廉价的劳动成本和原料，以及用竞争者也能取得的技术、设备和方法发展规模经济。低层次竞争优势的缺点是容易被竞争者模仿和复制，导致原有企业被竞争者取代。高层次竞争优势属于差异性竞争优势。如，高技术的知识产权，高级专业人才，内部技术能力、品牌、营销（渠道和售后服务体系）等。

高层次竞争优势具有以下特点：一是累积性。企业需要对研究开发和营销等活动进行长期投资，从而形成大量无形资产。表现为企业良好的信誉、客户关系和丰富的专业知识。二是差异性。必须建立在特殊资源的基础上。三是多样性。竞争优势的种类和数量越多越好。如果企业只凭借一种竞争优势维持竞争力，很难阻止竞争对手的模仿和进入。而建立多种竞争优势大大增加了竞争对手模仿的难度，拉大与对手的差距。四是改进性。竞争优势需要持续不断的改善和自我提升，甚至在适当时机放弃现有优势，以造就更高层次的新优势。

2. 竞争优势升级是企业从低附加值向高附加值环节发展

根据价值链理论，企业的价值链由基本活动和支持性活动构成。基本活动涉及企业生产、销售、进料后勤、发货后勤、售后服务。支持性活动涉及人事、财务、计划、研究与开发、采购等。但并不是每个环节都创造价值，只有某些特定的价值活动才真正创造价值，这些真正创造价值的经营活动，就是价值链上的"战略环节"。企业要保持的竞争优势，要特别关注和培养在价值链的关键环节上获得重要的核心竞争力，以形成和巩固企业在行业内的竞争优势。"价值链"理论揭示了企业与企业的竞争不只是某个环节的竞争，而是整个价值链的竞争，而整个价值链的综合竞争力决定企业的竞争力。决定企业经营成败和效益的战略环节可以是产品开发、工艺设计，也可以是市场营销、信息技术，或者认识管理等等，视不同的行业而异。例如，在高档时装业，这种战略环节一般是设计能力；在卷烟业，这种战略环节主要是广告宣传和公共关系策略。

"微笑曲线"从产业链的角度分析了企业竞争优势升级的过程和方向。"微笑曲线"的中间部分指的是制造；左端是研发设计，右端是营销。"微笑曲线"认为，附加值更多体现在产业链的两端，即研发设计和销售环节，中间环节的制造附加值最低。因此，企业要增加盈利，就不能局限于制造和组装环节，而应向"微笑曲线"的两端发展。即，通过加强研究开发创造更多的知识产权，或者加强客户导向的营销与服务。企业只有不断往附加价值高的区块移动，才能持续发展与永续经营。我们对企业的调查结果表明，企业在优势升级过程中，尽管会加大对研发设计和营销的投入，但仍然不会放弃制造能力的提升。不同行业和企业也表现出竞争优势升级的多样性。

综上所述，本报告所指的中高端竞争优势与波特提出的高层次竞争优势具有相同内涵和特点。而所谓的低端竞争优势，也即对应于波特提出的低层次竞争优势。

（二）企业对中高端竞争优势的认识

为了了解我国企业竞争优势升级途径和方向的看法，我们实地调研和问卷调查了我国汽车、机床、鼓风机、软件、工程机械、光伏产业、纺织、水泥、集成电路等十多个制造行业，向30多家企业发放了调查问卷，问卷回收率和有效率近100%。我们选择了研发设计、生产规模、供应链管理、营销策略（如，渠道和售后服务体系）和品牌策略作为企业价值链的关键环节，并要求企业按照重要程度对以上因素进行排序（表3.4）。尽管由于行业特征、企业发展阶段与战略等存在差异，但受访企业对竞争优势升级仍有共识。

表3.4 不分行业的统计结果

排　名	1	2	3	4	5	6
很重要	研发设计	品　牌	标　准	专　利	生产规模	供应链管理
重　要	供应链管理	生产规模	专　利	品　牌	标　准	研发设计

1. 企业的中高端竞争优势不是单一的，而是价值链多个环节的优势组合

绝大多数企业选择了2个以上的关键环节作为提升竞争力的重点。由此可见，企业竞争优势并非局限于研发设计或品牌战略等单个环节，而是以1至2个关键环节为龙头，连同其他若干环节形成的竞争优势组合。只凭借一种竞争优势维持竞争力，企业就很难阻止竞争对手的模仿和进入。通过建立竞争优势组合，大大增加了竞争对手模仿的难度，企业就可以拉大与对手的差距。

2. 中高端竞争优势的内容因企业自身情况而异

由于企业战略、市场定位、既有优势等因素的差异，同一行业的企业对中高端竞争优势的选择不完全相同，有的行业甚至相差较大。特别是位于第二位和第三位的竞争优势。

3. "研发设计能力"是绝大多数企业获得中高端竞争优势的首选要素

在被调研行业中，既有纺织、建材、工程机械等传统制造业，也有集成电路、数控机床等高技术和资本密集型产业（表3.5）。但绝大部分行业都将研发设计能力的提升作为获得中高端竞争优势的首要因素。企业对专利的重视程度也相当高，考虑到专利是研发设计的结果，从而

表 3.5 受调查行业的中高端竞争优势排序

重要程度	机床	软件	工程机械	新能源	集成电路	纺织	建材	通用设备
1	研发设计	研发设计品牌	研发设计	研发设计	研发设计	研发设计专利	品牌	研发设计供应链标准
2	品牌	生产规模	专利	品牌	专利品牌标准	标准品牌	研发设计生产规模专利标准供应链	生产规模品牌专利
3	供应链	供应链专利标准	品牌生产规模	生产规模供应链专利标准	生产规模	生产规模供应链		
4	专利		供应链		供应链			
5	生产规模							
6	标准							

更增强了研发设计能力的首要地位。企业对研发设计能力的高度重视，显示出我国制造业普遍预期未来利润更多来自知识密集型的高附加值产品竞争，企业对新技术和新知识的需求将大大增加，企业对研发设计的投入也将呈增长趋势。

4. 品牌建设成为仅次于研发设计能力的关键竞争优势

我国企业普遍存在品牌效应不强、服务网络滞后、市场营销能力较弱等问题。在本次调查中，绝大部分企业将品牌战略作为位居前两位的重要竞争优势，建材和软件企业甚至将品牌列为第一竞争优势。说明在从低端市场走向中高端市场的竞争过程中，我国企业将更加重视塑造良

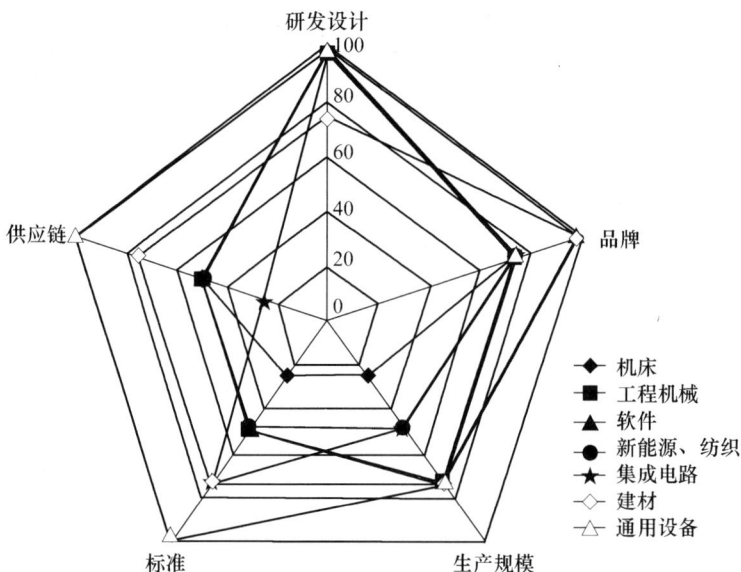

图 3.5　行业中高端优势分布图

好的企业和产品形象，通过投资于美誉度提升产品附加价值。

5. 生产规模优势和供应链管理等影响成本和效率的因素，虽然不是优势升级的首要因素，但却是制约优势升级的重要因素

除了一家通用设备行业的企业，绝大部分企业都不将生产规模列为优势升级的首要因素。尽管如此，所有行业仍认为，生产规模和供应链管理对提升竞争力具有重要作用。说明尽管成本和效率优势不能引领企业在未来竞争中获得优势地位，但仍是企业竞争优势组合中的重要因素。一些制造企业也认为，传统的管理和生产方式不能满足中高端产品生产的需要。竞争优势的升级不仅需要加强研发投入，实现产品结构的调整，改变生产和管理方式也是一项基础性工作。

6. 标准的作用比较受到企业重视

企业认识到标准对提高企业竞争力的作用，有半数以上企业认为标准对提高竞争力有重要作用，通用设备行业的企业更认为标准具有最重要的作用。但与其他因素相比，标准受重视的程度是最低的。

（三）产业竞争优势提升的方向及其内容

从调查结果看，除建材行业外，研发设计能力无疑是每个行业应具备的首要中高端优势，不同组合的主要区别在于支撑研发能力的其他"重要"的高端优势的选择。表3.6反映了我国典型产业的竞争优势升级方向。

表 3.6 典型产业的竞争优势升级方向

产业类别	典型行业	研发设计	生产规模	供应链	品牌	标准
装备制造	工程机械	●	◎		◎	
	（数控）机床	●		◎	◎	
	通用设备	●	◎	◎	●	●
IT 制造	集成电路	●	◎		◎	◎
	软件	●	◎	◎	●	◎
新兴产业	新能源	●	◎	◎	◎	◎
劳动密集	纺织	●	◎	◎	◎	◎
资本密集	建材	◎	◎		●	◎

注：加粗的表示最重要优势。

表 3.7 典型产业的中高端竞争优势

产业类别	典型行业	中高端竞争优势
装备制造	工程机械	以加强研究设计能力为主，加强品牌建设，发展规模经济
	（数控）机床	以研发设计能力为引领，加强品牌建设，提升供应链管理水平
	通用设备	以研发设计能力、品牌和标准建设为重点，发展规模经济、提高供应链管理能力，兼顾附件价值和生产效率的提高
IT 制造	集成电路	重点加强研发设计能力，同时加强品牌和标准建设，发展规模经济
	软件	以研发设计能力和品牌建设为重点，实现价值链的整体提升

续表

产业类别	典型行业	中高端竞争优势
新兴产业	新能源	以研发设计能力为重点的价值链整体提升。体现了新兴行业的发展特点
劳动密集	纺织	以研发设计能力为重点的价值链整体提升
资本密集	建材	以品牌建设为重点的价值链的整体提升

（四） 对我国制造业竞争优势升级的几点看法

我国企业竞争优势提升的方式，是以研发设计或品牌建设等一两个关键环节为主导的价值链整体提升，而不仅仅是研究开发能力或市场营销能力等单项能力的提高。在这一过程中，传统的成本优势仍将对提高竞争力发挥基础性作用。

1. 从成本领先为重点的竞争优势，转向产品差异化和高美誉度为重点的差异化竞争优势，将是企业竞争优势升级的方向

首先，体现在产品的知识密集程度提高，从而促使产品附加价值明显提升。研发设计能力的提升也有多种方式。总的来看，我国各行业的领先企业与国际领先企业在技术能力上还有较大差距。在相当长的一段时期内，我国还是处于技术追赶阶段。我国的工业设计与国际差距更大，长期被企业所忽视。近年来，国内工业设计的需求发生了一些积极变化。一是主机企业对工业设计开始重视，主要应用在中高端产品上。二是从单独的外观设计转向外观设计与技术设计相结合，实现整机产品的差异化。三是开始出现将原本由主机企业自行设计向外包给专业设计公司的服务外包趋势。

引进消化吸收再创新仍是当前和今后一段时期主要的创新模式，也是一种成本较低、效率较高的技术升级方式。此外，提升研发设计能力还有聘请外国管理和技术人员，购买国外研究机构等多种方式。目前，我国企业已经开始对高端人才产生了迫切需求，由于国内相关人才缺乏，引进国外技术人员渐成趋势。企业从国外技术人员的引进中迅速学

习了新的知识，少走了很多弯路，取得了明显成效。此外，国际金融危机对我国企业的创新起到了推动作用。危机使领先企业从先前的创新投入中获益，企业认识到附加价值较高的产品市场需求相对稳定，受经济波动影响相对小，也更加认识到创新的必要和紧迫，因此更加重视新产品研发。

其次，制造企业价值链由以制造为中心向以品牌建设为核心的服务化的发展趋势。我国仍将在较长时期处在工业化城市化加速发展阶段，人均收入的持续增长将带动国内对中高端产品需求的扩张，中高端市场规模的进一步扩大直接激励了企业的创新活动。消费者的需求内容将随之发生变化。大部分消费不再满足于物品本身，而是需要与物品相伴随的服务。企业将产品重新界定为产品—服务，有助于满足顾客的需求。制造与服务的一体化，通过服务使制造增值，使制造更有品牌效益，创造中高端竞争优势，提高企业的竞争力和盈利能力。

2. 竞争优势升级是一个以保持和提升成本优势为基础，重点向研发设计和品牌建设配置资源的过程

这种竞争优势组合反映了我国企业和产业当前发展阶段的特征，是产业发展的一般规律与我国国情的结合。某些竞争优势是企业优势升级的必然选择，是产业发展的一般规律，如研发设计能力的提升。

另一方面，我国企业还处于成长阶段，规模优势仍将是企业在较长时期内保持的传统优势。因此，企业竞争优势提升是一个以既有的成本优势为基础，以研发开发或品牌建设等关键环节为主导的价值链整体提升过程。不仅仅是研究开发能力或市场营销能力等单项能力的提高，而是企业各项能力相互配合、综合作用的结果。在这一能力提升过程中，研发设计和品牌建设能力必须得到大幅提升，而生产制造能力等既有优势也需要保持和提高（图 3.6）。因此，我国企业竞争优势升级的主要途径，是在主要提高技术创新能力和品牌的同时，通过规模经济与供应链效率提升等组织管理和创新能力。

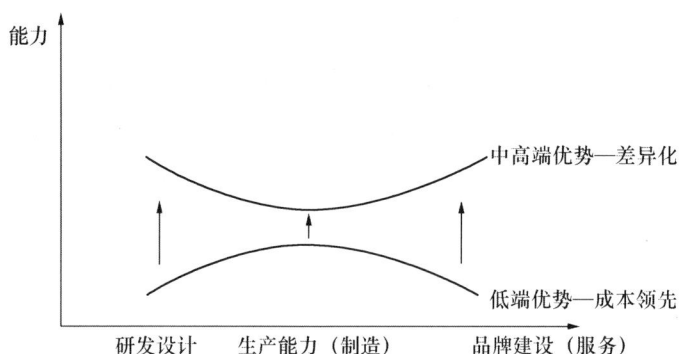

图 3.6　我国产业竞争优势的升级方式

3. 少数领先企业与多数低端企业的分化将更为明显

本报告提出的竞争优势升级的方向和途径更多地反映了一个行业中的领先企业的追求。领先企业往往已经具备了较强的成本优势或技术能力，因此具有比同行其他企业更强的竞争优势升级愿望。对我国而言，一个行业中能获得中高端竞争优势，并在中高端市场进行竞争的企业将是少数企业，大部分企业可能仍然集中在低成本竞争层面上，其产品定位也仍保持在低端市场。

4. 企业竞争优势升级仍面临诸多障碍

我国企业正处在从低端向中高端竞争优势升级的关键转折期。经过20 多年的积累，我国企业资金实力和技术能力有了明显提高，一些领先企业具备了研发中高端产品的能力，不仅表现出较强的创新愿望，而且开始采取行动。但是，企业优势升级的强烈愿望也受到资金实力不足、技术积累不足和整体水平较低等因素的制约。

首先，由于竞争激烈和产品集中在低端，我国制造企业利润率普遍不高。一些行业的大企业虽然规模大，号称进入国际前列，但利润也就几千万元，有的甚至亏损。利润水平不高也限制了企业的债务融资和股权融资能力，企业研发也不可能有大的投入。因此，解决企业资金瓶颈是当前的重要问题。

其次，企业技术能力仍然严重不足。受调研的企业都是行业领先企业，研发投入强度较行业平均水平都高，如上海磨床厂自 2006 年以来研发费用占销售收入比例都在 4% 以上。但这些企业都认为，自身的技术积累仍然难以满足中高端产品市场的需求。尽管企业看到了中高端市场的商机，也有很强烈的升级愿望，但目前的技术能力难以实现升级需要。

再次，国内的工业和技术基础尚处于中低水平，难以支撑高档产品的研制生产。国内的工业和技术基础是支撑企业优势升级的必要条件。但国内配套企业的产品技术水平和稳定性等指标难以达到高端产品要求。在技术供应方面，产业技术基础普遍薄弱，高校和科研机构对企业向高端技术升级的技术支撑能力不足。

此外，我国企业的管理水平和整体素质也不能满足高档产品生产的需要。我国与国外领先企业的差距不仅表现在研究开发和设计能力上，也表现在制造能力和管理能力、工人素质等多种因素。如，一些在实验室内可以通过的产品试制，投入批量生产就出现问题，其中既有生产设备和材料质量的原因，也有工人技能低和管理水平落后等问题。

三、培养产业竞争优势的战略重点

从产业层面上看，产业竞争优势取决于资源生产要素、需求状况、相关和辅助产业状况、企业内部组织结构四个基本要素和政府行为、发展机遇两个辅助要素，就目前中国的行业来看，各个行业的竞争优势有所差别，进一步提升竞争优势的侧重点也有所不同，具体而言，可以大体分四种行业。

一是以较强的生产制造能力为基础，同时具有一定研发设计能力和产业配套能力，集群发展特征突出的资本技术密集型制造业，国际竞争力将不断提升，并可能有较多优势企业脱颖而出。这类产业以机械制造、电子和电气产品制造、交通设备为代表，最为典型的四个子行业是机床、发电设备制造、汽车制造和高速铁路设备制造。这些行业的产业链长，相关产业的支持和规模经济是重要的竞争优势，中国工业体系比较完备，并且中国目前正处于重化工业加速发展时期，市场需求极大，能够满足规模经济的要求，因此与发展中国家相比，中国在产业配套和规模经济上具有不可复制的竞争优势。中国在相关产业上主要竞争对手是德国、日本、瑞典等工业强国，与这些国家相比，中国目前的竞争优势是劳动力成本较低，并且产品质量也在稳步提升，因此相关产品有较高的性价比。中国另一个竞争优势上在上述产业的建设和运营上，中国具有很强的施工能力和成本优势。上述产业极其相关建设和运营产业是中国未来一段时间大规模出口特别向发展中国家市场出口。关键零部件受制于人是上述行业最大的问题，比如在数控机床的数控系统仍然有靠进口，火电设备制造的高级材料和大锻件、风电上的关键轴承仍依靠进口，汽车发动机和变速性也是弱项。应该来说，上述关键部件尽管价值不是很大，比如在风电轴承占整个风电制造成本的10%，但是上述部件关系到整个系统的稳定运行，并且在这些关键零部件在国际上是高度垄断，比如瑞典、德国和日本三家公司就垄断高端轴承市场，这些跨国公司不仅赚取了高额利润，而且也威胁着产业安全，因此下一步要突破上述卡脖子环节，另外，还要通过加强管理和工人素质培训来进一步提高产品质量和稳定性；提高工业设计能力，使相关产品更人性化，更美观。

二是以劳动密集和产业配套优势为基础，同时具有较大的研发设计、市场营销和品牌等竞争优势提升空间的产业，主要是轻工、纺织服装、部分电子机械等产业。中国国内市场规模巨大，产业集群发达，并且以前劳动力成本低廉，在过去较长的一段时期内，中国轻工产业以低成本为主要特征的竞争优势在国际上还是比较明显。然而，随着中国劳动力及环境资源价格不同上升，而轻工产业的产业链条相对较短，也比较容易转移到越南、印度、柬埔寨、孟加拉甚至非洲这些劳动力和资源成本更低的国家和地区，中国基于低成本竞争优势难以持续，但是并不意味中国在上述产业上就失去国际竞争力，意大利、法国等国的服装产业在人均 GDP 超过 1 万美元的时候，在服装设计、高档面料、时尚服装加工以及营销上还是极具国际竞争力。中国在相关产业的竞争优势要由投入要素的低成本转向更为高级的竞争优势，仍以服装产业为例，中国目前服装加工质量提升很快，与上述后起产业承接国相比有一定的优势，一方面要继续强化上述优势，另一方面要在创意设计、高档面料以及营销网络建设上下功夫，在这些方面，还有着巨大的空间。

三是具有显著的市场和生产的规模经济优势，同时具备技术、管理和经营上的系统集成能力的产业，如钢铁、有色、化工等。这些产业的竞争优势来自于国内巨大并且高速成长的市场需求，低成本劳动力资本以及土地等要素、后发国家在采用先进适用技术上的低成本优势，便利的基础设施和大进大出的物流条件以及上述要素的组合。应该来说，这种竞争优势还要持续一段时间，但是上述竞争优势也是可以被一些国家所复制和转移的，因为，从历史上看，基于上述要素的竞争优势就从日本转移到韩国和中国台湾，再转移到中国大陆，未来有可能转移到印度甚至是越南这些国家。因此，相关产业在保持目前竞争优势的同时，要培养新的竞争优势，在高性能材料制备和新材料开发上要有所突破，为下游高加工度产业提供更多高质量的个性化的材料供应，使得相关产业的配合更为紧密，从而强化竞争优势。

四是由于技术重大突破或全球范围打破技术瓶颈，形成新的技术平台和发展机遇的产业，以及体现国家战略要求，由国家直接大量投入支撑的产业，如航空航天、新能源和环保产业、新能源汽车、生物医药、新一代信息技术等。这类产业中有相当部分目前还处于研究开发和产业化发展的前期阶段，中国在这些领域一直紧密地跟踪国际前沿技术，部分领域已经接近甚至达到国际先进水平，有一定的人才和技术储备，并且市场规模巨大，有利于摊薄研发成本，政府扶植力度也较大。这些领域完全有可能在取得某些方面关键性技术突破的基础上，依靠巨大的国内市场快速推进产业化，实现规模经济，从而形成新的具有国际竞争力的优势产业。不过,这些产业领域决定性的竞争优势是国家的创新能力及其背后的支撑体系。中国的创新能力仍处于逐步提升的过程中,创新能力支撑体系更为薄弱,在资源配置和创新评价、基础研究和产业化应用结合,科研资源整合、企业创新投入的能力和意愿上与创新型国家还有一定差距。下一步的关键是夯实创新支撑体系、优化资源配置方式、提高资金使用效率,真正在新兴产业的研究开发和商业化应用上走在前面,塑造新的竞争优势。

四、培养中高端竞争力的若干政策建议

产业发展的主体是企业,产业竞争力的具体体现也是企业。但不可否认,政府在提升产业竞争力上具有不可替代的作用。特别是企业无法发挥作用和外部性极强的领域,需要政府来发挥作用。政府的作用可以归结在以下几个方面:一是提供公共生产要素,比如提升劳动力素质、主动研究开发战略性科学技术、基础设施建设、拓宽融资渠道、培养信息整合能力。二是创造特殊需求侧,来引导和促进新产业的发展。三是鼓励产业集群的发展和提升,帮助企业提升要素组合能力。四是实施有利于创新和培养中高级竞争优势的宏观竞争政策。五是构建公平、公开、公正和可预期的制度环境。针对前文提出的提升产业竞争优势的重点和难点,结合中国的基本国情和相关经验,有如下几条政策建议:

1. 制定需求侧创新激励政策,鼓励自主创新和新产业的发展

政府可以创造一些特殊的需求,这些需要对于新技术和新产业的导入起到很大的促进作用。大型水轮机以及高速铁路的成功就是典型的利用国内垄断性的市场来引进、消化和吸收技术,从而大大提升了相关产业的国际竞争力。除了市场换技术之外,政府还可以直接购买创新产品和服务或给予一定的财政补贴及税收优惠来加快新技术、新产品的引入。另外,设置规章标准也可以创造特殊的需求,比如火电、核电以及

风电通过设定国产化率要求，实施自主化依托工程，大大提升了技术的国产化、自主化能力和产业的国际竞争力。汽车产业、家用电器通过设定能耗标准，促进高效节能的新产品的推广和应用。

2. 加大共性技术的研发支持力度，解决产业"卡脖子"问题

从理论上讲，共性技术在产业发展中具有准公共产品和公共产品的性质，特别是考虑到我国市场规模巨大，但企业规模较小，单个企业不能有效的利用市场规模来摊薄研发费用，需要政府来提供相关的生产要素。从实践看，随着行业部门的撤销和行业院所的转制，缺乏对行业共性技术的攻关，关键零部件、基础件、特殊材料等行业共性问题多年来没有得到解决，成为行业发展的"卡脖子"问题，也是我国产业集群迟迟不能升级和保持持久竞争力的重要原因。

解决上述问题，一方面要落实科技中长期规划的相关政策措施，加强共性技术平台建设，建设开放性的国家实验室和国家工程中心。提高基础研究的水平。另一方面，也可以考虑制定产业制高点计划，对特定技术进行科技大公关。三是支持产业创新联盟发展，目前在电子信息领域，依靠企业自发形成的创新联盟已经成为创新的重要渠道，政府可以给予一定的补贴或鼓励性政策，鼓励产业联盟的发展，从而充分利用中国巨大的市场规模。

3. 加大职业教育力度，提高劳动者素质

根据国际经验，高素质的产业技术工人和制造业地位关系紧密，而德国制造就是受惠于高水平的职业教育。职业教育是培育高素质的一线生产服务技能人才的教育设置，基于中国的劳动人口和城乡差距现实，它也是把中国巨大人口压力转化为巨大人力资源的基本途径。中国正处于经济和产业转型时期，技术工人紧缺，高级技工尤其匮乏。从政策的角度上看，一是建立以市场需求为导向，建设职业教育课程与教材，提高职业教育服务经济社会发展的能力；二是加大财政支持力度，政府应将其作为公共服务和扶贫项目进行服务购买，直至民办大学发展。

4. 推动产业集群升级

应该来说，过去几年，中国在发展产业集群上是成功的，产业集群的出现加深了产业分工，实现了制造环节的规模经济，由此建立低成本的竞争优势。但也要看到，传统产业集群在发展过程中大都遇到了成本上升、产业转移、贸易壁垒和绿色壁垒等障碍，创新和升级迫在眉睫。此外，产业集群是具有生命周期的，一些研究表明，集聚也可能正是造成国家或区域竞争力降低的原因，因为太靠近的、太排外的、太僵化的本地联系是危险的，正如一些衰退的钢铁、煤炭、造船、纺织等老工业区那样，这种社会关系将对集群内企业的竞争力造成威胁，使地理靠近的集群变成孤立的、内向的系统。这正是集群不断保持创新活力的必要性所在。

推动产业集群升级，一要加强规划引导。科学规划产业集群园区，选准主导产业。二要培育产业集群主体和激励。产业集群是由企业自然构成的，其中最重要的是培育和引进种子企业。激励就是指针对现有的开发区和园区转型升级，使之成为符合产业升级的开发型园区。三是要加强平台建设，提高产业集群自主创新能力。加快建立产业集群技术服务体系，加强行业共性技术和关键技术的攻关与突破，鼓励和支持大中型企业（集团）组建企业技术中心、工程中心，带动和提升产业集群的技术创新能力，促进技术升级。四要打造区域品牌。加大对产业集群名牌产品、驰（著）名商标的宣传保护力度，形成有强大技术创新能力支撑的区域品牌，鼓励各地创造性地整合本地资源，促进文化与产业的融合。五是培育有利于创新性产业发展的区域文化，尤其是鼓励创业的文化，鼓励公平竞争的文化。

5. 实施有利于国际竞争力提升的宏观经济政策

宏观经济政策的目标往往关注在短期的经济增长和充分就业，中国尤其如此，自亚洲金融危机以来，中国实质上在实施"盯住美元"的固定汇率制。中国过去几年，劳动生产率提升较快，固定汇率被认为压低了汇率。从短期来看，有利增加中国产业的国际竞争力，中国对外贸易形成大量盈余。但另一方面，国际竞争力是一个动态概念，基于初级要素的低成本竞争优势会随着经济的发展自然消失，真正决定竞争力的基于已有要素的组合能力，人为压低汇率不利于提高国际竞争力。

因此，汇率的水平应该与劳动率特别是贸易部门的劳动生产率提高速度相匹配，迫使企业将竞争优势逐步由基于初级要素的低成本竞争优势转向基于要素组合优势、研发创新、品牌以及满足客户差异化需求等方面的中高端竞争优势。从国际上，日本、韩国以及我国台湾地区在汇率升值以后，逐步实现了产业的高级化，建立了新的竞争优势。

6. 加强产权保护，构建公平、公开、公正和可预期的制度环境

中高级要素重要的特征之一就是积累性，需要进行持续性的资本和人力投资，因此一个公平、公开、公正和可预期的制度环境极为重要。其中加强产权的保护是基础性的制度，在当前知识经济的今天，一种重要的方面就是加强知识产权的保护。从政策的角度来看，一是完善相关法律，二是要加大法律的执行力度，保障社会的公平正义。

执笔人：杨建龙　马名杰　王金照

附录一：新能源产业的发展思路和政策建议

（一）国际新能源产业的发展趋势

（1）新能源技术创新加快，能源转换效率显著提高，价格大幅下降。风电最大单机容量由 20 世纪 80 年代 30 千瓦提高到目前的 5000 千瓦，上网价格由 15.8 欧分/千瓦时下降到 4 欧分/千瓦时。硅基太阳能光伏发电效率由 20 世纪 90 年代不到 10% 提高到目前的 17%～18%，并出现了 82% 的技术学习曲线，即规模增加一倍，价格下降 18%。从进一步发展的角度看，技术创新还有很大空间，风电价格有望下降到 3 欧分/千瓦时，太阳能发电价格在 2020 年前后可与火电相当。

（2）新能源进入规模化快速发展阶段，在新增能源供应中占有重要位置，逐步由补充能源提升为主力替代能源。过去 10 年，光伏太阳能年均增长 38%，风电年均增速也达到 28%。2008 年全球累计风电装机容量已达 1.2 亿千瓦，其中欧盟为 6600 万千瓦，风电装机占欧盟电力总装机的比重已超过 7%，丹麦、德国的风电装机比重超过 20%。在新增装机中，2008 年欧盟风电占全部新增电力装机的 43%，装机容量达到 848 万千瓦，是第一新增电源。核电复苏步伐加快，2008 年全球有 10 台核反应堆在建（不包括中国），是自 1985 年以来开建核电站数量最多的一年。

（3）发展新能源被认为是同时解决金融危机和气候危机的战略性支点，主要国家经济刺激方案中加大了相关领域的投资。根据国际能源署的分析，如果将 2050 年的温室气体排放控制在 2005 年的水平上，能源领域为减少排放而增加的额外投资为每年 4000 亿美元，占世界 GDP 总值的 0.4%；如果将 2050 年的排放削减一半，即 8 国峰会上设定的减排目标，每年的额外投资为 1.1 万亿美元，占全球 GDP 的 1.1%。先行国家已经从发展新能源中获益，2005 年丹麦可再生能源和能效的技术、产品和服务出口达到 400 亿丹麦克朗，与 1992 年《京都议定书》签署时 50 亿克朗的出口相比，增加了 8 倍，成为新的经济增长点。金融危机发生后，美国、欧盟等主要国家把新能源作为新兴产业，加速向低碳经济转型，在经济刺激方案和经常性研究预算中加大了新能源领域的投入。美国的经济刺激方案的 10% 中，即 800 亿美元投入新能源领域，这是美国历史上政府在能源领域的最大投资。欧盟在新能源研究开发上的支持力度上也很大，仅碳捕捉和封存技术一个示范项目的预算支持就高达 12.5 亿欧元。私营部门的资金也很活跃，美国硅谷大量科技公司转向了新能源的研究。大量资金和人力的进入，势必加速新能源的技术创新和商业化进程。

（二）我国的新能源资源状况、产业基础和存在的问题

（1）我国可再生能源资源丰富。水能资源技术可开发装机容量为 5.4 亿千瓦，年发电量 2.47 万亿千瓦时，世界排名第一。太阳能资源非常丰富，2/3 的国土面积年日照小时数在 2200 小时以上，年太阳辐射总量大于每平方米 5000 兆焦（相当于每平方米 170 公斤标准煤）。全国陆地可利用风能资源 3 亿千瓦，加上近岸海域可利用风能资源，共计约 10 亿千瓦。生物质资源可转换为能源的潜力约 5 亿吨标准煤，今后随着造林面积的扩大和经济社会的发展，潜力可达 10 亿吨标准煤。

（2）新能源开发利用取得一定进展。2008 年我国水电、核电、风电、太阳能等新能源的开发利用总量为 2.34 亿吨标准煤，占能源总消费量的 8.9%。其中水电装机 1.7 亿千瓦，风电装机 1215 万千万，核电装机 908 万千瓦，太阳能源热水器总集热面积达到 1.25 亿平方米。尤其是近年来风电等可再生能源发展迅速，2008 年我国新增风电装机为 625 万千瓦，占全球风电新增装机的 23%。风电上网电价下降到 0.5 ~ 0.6 元/千瓦时，太阳能发电价格下降速度更是超出意料，2008 年国家核定的太阳能上网电价为 4 元/千瓦时。2009 年 3 月甘肃敦煌太阳能发电项目招标中值价格降至 1.5 元/千瓦时，中标价格为 1.09 元/千瓦时。

（3）已形成规模较大、体系相对完善的新能源产业。核电设备的国产化、规模化发展取得进展，已经具备每年生产 6～8 台套核电设备的能力。风电制造能力大幅提升，2008 年内资与合资企业产品占新增装机的 75.6%，累计装机容量超过外资企业。光伏电池产量达到 200 万千瓦，全球市场占有率由 2002 年的 1.07% 上升到 2008 年的 30%，居世界第一位。太阳能硅材料的产量由 2005 年的 30 吨增加到 2008 年的 5000 吨，国内自给率达到了 25%，到 2009 年底，国内太阳能硅材料的产能达到约 3 万吨。太阳能热水器年产量达到 3500 万平方米，占全球产量的一半以上。

但我国新能源产业发展中还存在一些亟待解决的问题：

（1）技术基础仍比较薄弱。一是核心技术并未完全掌握，关键部件仍依赖进口。我国核电制造、建设和运行能力有明显提升，但核电设计能力总体上停留在引进机型的翻版设计上，设计原理和诀窍并没有真正掌握，大锻件、主泵和特殊材料的国产化和自主化还有很长的路要走。风电新机型开发能力不足，控制系统、关键轴承仍依靠进口。太阳能电池产业规模较大，但是多晶硅的制备提纯技术，特别是四氯化硅等有毒副产品的回收技术仍未掌握也难以引进。二是技术创新的支撑体系薄弱。新能源科研力量分散，缺少共性研究开发平台。科研力量多分散在大学等研究机构中，缺乏领军性的创新平台开展共性技术的研发和产业化。另外，企业规模偏小，研发能力较弱，缺少像通用电气、西屋、三菱、西门子等大型综合性设备供应商；即使具有一定经济规模的企业，其研究开发能力还不如发达国家中小型专业技术公司。

（2）产业发展亟待加以规范。目前，风电、光伏发电设备的技术标准匮乏，强制性检测和认证制度尚未建立，企业进入也没有相应的技术门槛。这种状况带来两个问题：一是企业一哄而上，恶性竞争。由于有政策鼓励，又没有进入门槛，大量企业进入新能源领域。目前，风电主机厂超过 70 家，前四家产能超过 1200 万千瓦；多晶硅生产厂家超过 30 家，到 2009 年底产能可以达到 3 万吨，而 2008 年全球多晶硅需求只有 4.52 万吨。在缺乏核心技术和创新能力的情况下，企业大量进入导致低价竞争，甚至是恶性竞争，通过牺牲产品质量和可靠性来压低价格。二是产品质量存在隐患。新能源产业呈"爆发式"增长，很多产品从研制到批量生产周期太短，产品研制中的问题在批量生产之前没有充分暴露和有效解决，加上未经任何检测就被大量投放市场，有可能出现大面积设备故障，造成重大损失。

（3）相关体制机制仍未理顺，新能源发电设备撂荒现象仍比较严重。以风电为例，2008 年底我国有 1215 万千瓦的风电机组完成吊装，其中 1000 万千瓦通过调试可以发电，但 2008 年底实际并入电网的风电装机容量仅为 894 万千瓦，占吊装完成的风电装机总量近 73%。新能源发电设备撂荒的背后是相关体制机制问题没有理顺，包括新能源电源发展和电网建设的不协调以及新能源发展带来的成本增加没有及时传导、对电网企业缺乏强制性要求和监管等。

（三）新能源及产业的发展目标和主要思路

1. 发展目标

就当前的形势而言，发展新能源有三个重要意义：

（1）带动经济增长，扩大就业。与传统能源生产主要靠资源消耗不同，新能源主要靠设备投资和人员维护，因此新能源投资需求大，带动作用强，就业容量大，是金融危机的背景下扩大内需、增加就业的重要途径。根据测算，1 元核电投资可以带动 GDP 增长 1.03 元，总产出增长 3.04 元。按照目前批复的核电建设进度，2010 年核电投资可以带动总产出增长 3084 亿元，GDP 增长 1009 亿元，相当于拉动 GDP 增长 0.3 个百分点，对建筑业，通用、专用设备制造业，金属冶炼及压延加工业等 9 个行业的产出拉动作用超过百亿元。

（2）培育新的优势产业，促进结构升级。新能源产业链长、人力资源投入大。与发达国家相比，我国有明显的成本优势；与发展中国家相比，我国有明显的产业配套优势，我国发展新能源产业有独特的竞争优势。如果把握得好，新能源产业将会成为我国新的优势产业。

（3）减轻温室气体减排问题上的国际压力，增加气候谈判的主动性。美国众议院在6月26日通过了《美国清洁能源与安全法案》，设定了2020年前减排17%、2050年减排83%的目标，美国态度的转变会给我国在温室气体减排国际谈判中带来更大的压力。"十一五"节能减排工作已经为我国带来了良好的国际声誉。目前正在制定《新能源发展规划》，如果在哥本哈根的气候谈判前予以公布，将会为我国赢得良好的国际声誉，增加谈判的主动性和筹码。

新能源及其产业的发展可考虑如下目标：

（1）新能源发展目标：争取到2020年风电装机达到1亿千瓦，核电装机达到8000万千瓦，太阳能发电装机达到2000万千瓦，新能源利用量相当于9亿吨标准煤，占能源消耗的20%[①]，每年减少二氧化碳排放为24亿吨，成为节能之外另一个主要的二氧化碳减排途径。

（2）新能源产业发展目标：一是产业规模目标，目前我国新能源装备制造业的年产值在2000亿元左右，其中光伏电池700亿元，太阳能热利用产业400亿元，风电制造和核电制造均在400亿元左右。争取在未来三年使新能源产业年产值翻番，产值达到4000亿元。考虑到对设计、安装、运营、维护和配套设施的带动作用，新能源每年带动上万亿的GDP增长，成为拉动经济增长的重要力量。二是产业创新和竞争力提升目标。未来三年，解决装备自主化和国产化、特别是关键零部件的国产化问题；能够在三代核电技术、大功率风电、太阳能多晶硅制备等关键技术的消化、吸收上取得突破。到2020年，新能源技术的研究开发能力大幅提升，在先进核电技术、海上风电和第三代太阳能技术的研究开发上处于国际先进水平，产业竞争优势由基于廉价劳动力的低成本优势转向基于较高科技含量和规模经济的新型竞争优势，新能源产业成为中国新的优势产业。

[①] 上述发展目标的提出，主要参考了国家能源局正在修订的新能源发展规划。

2. 发展思路

（1）项目建设与产业发展并重，要花大力气突破技术瓶颈、提升新能源产业的核心竞争力。新能源发展的速度和规模，与新能源装备制造业的发展特别是技术创新能力的提升必须统筹起来，政府一方面要利用财税、价格等政策培育发展新能源市场，更要将功夫下在新能源产业上来，通过需求拉动显著提升新能源产业的研发、设计、制造和运营能力，突破技术瓶颈，培育出一个以技术创新为核心能力的新兴产业，为经济增长增加新的引擎。因此，需要克服政府部门之间职能划分的局限，统筹好新能源及相关产业发展的关系，政府既要制定新能源项目建设规划，也要制定相应的产业发展规划，从规范产业发展、提高自主化国产化水平、促进技术创新等多个方面加以支持和引导，切实提高我国新能源的产业水平和国际竞争力。

（2）坚持两条腿走路，既要大规模集中利用，也要重视分散利用，因地制宜多途径地发展新能源。从国际上看，欧洲主要走分布式利用的道路，德国2300万千瓦的风电装机中绝大部分是中小风场，最大风场的装机规模也只有6万千瓦，并且大部分风电直接入配电网，就地消化。美国既发展大型风电，也鼓励小型风电和家庭太阳能等分布式能源的发展。我国的资源禀赋条件，决定了我国需要走大规模和分散式发展相结合的道路，不能只把注意力放在大风电、大核电、大光电和大电网上。具体而言，在发电侧，不仅要在资源富集的地区建设风电和光电基地，大规模集中利用新能源；也要鼓励中小规模风场建设和资源条件一般地区的小型风电利用，加快量大面广的太阳能分散利用。在用电侧，采取"远距离输电和就地利用并举"的方针，既要加快输电通道建设，将新能源基地电力输送到负荷中心；也鼓励在可再生电源附近发展对电力稳定性要求相对较低、水资源消耗少的载能工业，将能量以载能产品的形式输送出来；同时，提高配电网智能化水平，逐步实现与分布式能源利用系统的电力双向供电，互济余缺，提高就地消化能力。

（3）积极鼓励社会投资，利用价格、财税等政策对新能源的加快利用和降低成本实行双向激励。目前政府亟待建立合理的准入政策、技术标准和市场机制，特别是在当前电力供需出现阶段性过剩的条件下，进一步推进电力体制改革，加大对电网公平接入的监管，保证各类投资者无歧视地使用电网设施，形成有利于新能源发展的市场机制。新能源的价格补贴政策必须同时发挥两方面的作用，一方面，通过价格补贴提高新能源的经济性，以加快和扩大利用来实现产业的规模经济；另一方面要对投资者形成效率激励，促进其降低成本和技术创新。自2003年起实行的风电特许权招标，尽管出现了恶性竞争等问题，但竞争机制的引入显著降低了风电上网电价。根据资源状况设定分区域的风电标杆电价，虽然可避免出现恶性竞争，但却放弃了市场发现价格的功能，在当前技术进步加快的情况下政府难以科学、合理制定价格，无法对投资者形成效率激励，无法促进其技术创新、提高效率、降低成本。新能源的发展万不可在政府的长期补贴下得以维持，当前的适度补贴是为了将来新能源具有经济上的竞争力，价格补贴政策需要着眼这一长远目标。

（四）政策建议

1. 将新能源发展目标纳入"十二五"经济社会发展总体规划，并制定新能源产业发展规划。

发展新能源，对于制定和完成"十二五"节能减排约束性指标意义十分重大。根据初步测算，"十二五"时期进一步节能的潜力相对"十一五"有所减小，单位GDP能耗下降较现实目标在15%左右，如果将前文中提出的新能源发展目标分解到"十二五"时期，测算下来，在此期间新能源发展可以使单位GDP二氧化碳排放降低5%以上，也就说"十二五"期间还可以实现单位GDP二氧化碳排放降低20%左右，保持了"十一五"规划设定的目标强度。为此，"十二五"规划中更加重视新能源的发展，提出的发展目标与节能减排目标，特别是单位GDP二氧化碳排放下降结合起来。

建议制订新能源产业发展规划，明确阶段性目标、主要思路、重点任务和政策措施。应充分发挥我国相对于发展中国家的技术创新优势，相对于发达国家的低成本制造优势，体现需求拉动技术创新的思路，在风电的叶片材料、控制系统、关键轴承、提高单机规模，太阳能的多晶硅制备提纯技术、有毒副产品的回收技术和环保技术、薄膜太阳能、光热发电，核电的大锻件、主泵、控制系统、特殊材料，可再生能力并网技术、储能技术等方面加快技术创新，推进产业化，将新能源产业发展成为以技术创新为核心竞争力的优势产业。

2. 加强新能源技术创新支撑体系建设，完善鼓励自主创新的相关政策

公共研发机构、试验平台在新能源技术创新体系中占有非常重要的位置，特别是在开展基础性和共性技术的研发、推进产业化以及执行政府重大研究计划中起着极为关键的作用。美国能源部下设专门的可再生能源国家实验室，在新能源研究开发中占有举足轻重的位置，连通用电气这样的巨型跨国公司也要利用国家实验室的设施进行风电的研究开发。人口只有 400 万人的挪威设有拥有 2000 名研究人员的能源技术工业研究院，每年的科研经费高达 2.4 亿欧元，在海上风电、多晶硅材料、潮汐能利用、生物质能利用技术的研究开发上处于国际领先水平。

鉴于，我国的新能源研究力量分散、缺乏专业化，也缺少跨学科整合，建议设立开放式的国家新能源研究机构。从操作的层面上看，可以考虑在中科院增设新能源研究院/所，除了内部整合电工所、力学所、大连物化所、工程热物理所等单位的研究力量外，也要吸收大学和其他机构的研究力量。国家新能源研究机构不仅要具备一般科研条件和设施，而且具备中试能力，从而使其具备从基础研究、技术开发、试验示范以及到检测认证全过程的试验能力。国家新能源研究机构要对企业、大学、其他研究机构开放，其功能是从事基础性、共性技术研发，实验、测试、认证等，以解决新能源产业共性技术供给能力不足的问题。

进一步完善鼓励自主创新的相关政策。首先是要坚持和落实已有行之有效的科技政策。实施自主化依托工程，通过依托项目推进新能源装

备的自主化、国产化。其次，尽快落实《装备制造业调整和振兴规划》实施细则，建立使用国产首台（套）装备的风险补偿机制，鼓励保险公司开展国产首台重大技术装备保险业务。落实鼓励科技创新的税收优惠政策。另外，创新科研组织形式，引导创立产业创新联盟，产业化方面的政府资金重点支持产业联盟对共性技术和关键零部件的国产化进行攻关。

3. 加快标准、认证和检测体系建设，引导和规范产业发展

丹麦、德国、美国、印度等风电强国普遍实施了风电设备认证制度。为此建议：一是建立符合我国自然环境、资源条件以及工业基础的风电、太阳能整机及关键零部件的设计和认证标准；二是在加快检测和认证能力的建设；三是实施统一的风电、太阳能认证制度，逐步实施强制性产品认证。

另外，尽早制定风电、光电并网技术标准。并网技术标准的制定应由政府部门牵头，电网公司、发电设备制造商等多方共同参与。标准的制定既要参照国际标准，具有一定的先导性和引导性，以引导设备制造企业开发电网友好型技术，保障电网安全；也要考虑到我国产业现状，给国内制造企业和相关能力建设留一定的缓冲时间。

4. 加快电网等配套设施建设，加强新能源电源规划与电网规划的统一与协调

有重点、分步骤地推进输电网、智能化配网和储能设施建设。一是要加快输电通道和新能源项目入网线路的建设，特别是要加快已建成新能源项目的接入线路建设，解决设备撂荒的问题。二是在北京、上海等中心城市推进智能化、互动化配电网的建设。配电网的智能化和互动化是智能电网的核心，北京、上海等中心城市发展新能源的积极性很高，在太阳能屋顶发电、中小风电等分布式能源以及电动汽车的发展上居全国前列，对配电网的智能化和互动化提出相应的需求。另一方面，这些中心城市电网骨架坚强，用电负荷大，地方电力公司资金雄厚，具备推进智能配网建设的实力，地方电力公司也正在需求新的增长点，推动地

方配电网智能化、互动化的积极性很高，因此这些中心城市在智能电网的建设上可先行一步，积累技术和运营经验，以便向全国推广。三是加快储能设施的建设，密切关注新型储能技术的发展，鼓励在新能源基地和负荷中心建设储能设施，平抑电网波动，支撑新能源的发展。

加强电源规划和电网规划的统一和协调。厂网分开以来，厂网不协调的问题就开始凸现，这一现象在新能源领域十分突出。要解决此问题，首先是明确规划主体，国家能源主管部门是新能源发展规划和电网发展规划的主体，电网企业和地方政府的相关规划必须与国家的总体规划一致。其次是提高规划的科学性和严肃性。保障科学性的一个重要机制是多方参与，电源企业、电网企业、政府规划部门共同参与电力规划。

另外，随着核电发展规模的明显加快，资源供应和核废料的处置问题凸现出来，建议加快我国大型核燃料后处理厂和快堆的立项工作，实施核燃料的闭式循环，提高资源利用率，减少环境污染。

5. 完善定价机制，理顺管理体制，建立起适应新能源大规模发展的制度环境

完善电价机制。为了适应新能源大规模发展的需要，应进一步完善电价机制，当前可采取特许权招标与标杆电价相结合的方式，一方面，对于规模大、资源条件好的新能源项目，继续实行特许权招标，通过引入竞争降低成本，也为政府制定和调整标杆电价提供参考；另一方面，对分散利用、资源条件不太好的项目，实行分区域新能源标杆上网电价，以鼓励企业投资和规范政府定价行为。此外，根据新能源发展规模，及时调整可再生能源附加水平，足额分摊新能源发展导致的成本上升。

理顺管理体制。新能源技术创新和产业发展涉及国家能源局、科技部、工信部、发改委、财政部、坏保部、建设部、标准委等多个部门，为加强部门协调，避免多头管理或相互扯皮，应加强政府各部门的组织协调，明确各部门的任务和权责。

6. 采取强制性和经济激励双重手段，进一步发挥电网企业的作用。

目前，新能源的发展，缺少对电网企业这一关键环节的要求，也缺少激励政策让电网企业从中受益。为此建议，对电网企业实行可再生能源配额制，即强制规定电网企业在其购买的电量中必须有一定比例的可再生能源，美国的实践证明这一制度对于加速可再生能源的发展是行之有效的。另一方面，要及时调整可再生能源附加水平，将新能源发展带来的成本增加及时加以疏导，不挤占电网企业的利润空间。

执笔人：王金照

附录二：依靠创新促进纺织业转变增长方式
——山东纺织企业调研报告

纺织业是我国国民经济的传统支柱产业，又是重要的民生产业，在吸纳就业、增加农民收入方面发挥着重要作用。国际金融危机爆发后，纺织业需求下降，许多企业陷入亏损。但也有不少企业在危机中仍有所发展壮大，它们有一个共同点：持续不断地创新。为研究如何依靠创新促进纺织业转变增长方式，我们到山东对如意集团、鲁泰集团、魏桥集团、即发集团作了调研。

（一）纺织业是我国重要的支柱产业和民生产业，具有国际竞争优势

我国是纺织品生产大国，纺织业整体利润率虽不高，但由于其规模大，创造了大量的产值和利润，是支柱产业之一。2008 年，纺织业工业总产值为 21393 亿元，获得利润 927 亿元，在所有工业行业中排名较为靠前。其工业增加值 2007 年为 4913.92 亿元，仅低于石油和天然气开采业、化学原料及化学制品制造业、交通运输设备制造业、电气机械及器材制造业、电子设备制造业、电力/热力的生产和供应业，见表 1。国际金融危机爆发前，纺织业的工业增加值率和工业成本费用利润率总体呈提高趋势，说明纺织业的投入产出效率和经济效益在缓慢提高。

纺织业也是重要的民生产业，在吸纳就业、增加农民收入方面发挥着重要作用。2008 年纺织企业数量达到 33133 个，从业人员 652 万，是各工业行业中吸纳劳动力最多的行业。在就业压力较大的今天，维持纺织业的规模不仅仅是经济发展的需要，也是维持社会稳定的需要。纺织业消耗大量的棉花、羊毛、蚕丝、亚麻等农产品，已经成为农民重要的经济收入来源，发展纺织业对于增加农民收入、促进农业和农村发展具有重要意义。

表 1 规模以上纺织企业主要效益指标

年　份	工业总产值（亿）	工业增加值（亿）	工业增加值率（％）	利润总额（亿）	工业成本费用利润率（％）	城镇固定资产投资额（亿）	产品销售率（％）
2000	5149.30	1272.84	24.72	136.88	2.92		97.21
2001	5621.56	1387.52	24.68	176.80	2.58		96.08
2002	6370.79	1569.10	24.63	184.71	3.14		97.66
2003	7725.20	1906.70	24.68	248.20	3.42		97.86
2004				279.84	3.09	763.0	
2005	12671.65	3240.19	25.57	437.13	3.68	1059.2	97.92
2006	15315.50	3962.99	25.88	563.93	3.95	1266.3	98.02
2007	18733.31	4913.92	26.23	765.87	4.46	1514.6	97.81
2008	21393.12			927.42	4.74	1540.1	97.73

资料来源：《中国统计年鉴 2009～2001、1996》。

我国纺织业国际竞争优势明显，纺织原料及纺织制品是主要的出口产品之一，约 30％ 的纺织产品销往国际市场。近年来的进出口量如表 2 所示，出口量远远大于进口量，2008 年纺织原料及纺织制品出口是进口的 7.2 倍。1980 年以来，我国在世界纺织品贸易中所占比重一直呈上升趋势，2006 年为 22.3％。截至 2007 年，纺织品国际市场占有率连续十年位居全球首位。

表 2 纺织产品进出口

年　份	纺织原料及纺织制品进口（亿美元）	纺织原料及纺织制品出口（亿美元）	棉纱线出口（万吨/亿美元）		棉机织物出口（万米/万美元）	
2000	165.64	493.79	21.1	6.3	32.1	30.9
2001	162.59	498.36	24.6	7.2	33.4	32.1
2002	169.93	578.49	38.8	10.1	45.8	42.6
2003	192.92	733.46	50.4	13.8	55.9	54.6
2004	230.07	887.67	43.1	13.3	53.0	60.4
2005	234.45	1076.61	47.0	14.0	61.0	70.0

续表

年　份	纺织原料及纺织制品进口（亿美元）	纺织原料及纺织制品出口（亿美元）	棉纱线出口（万吨/亿美元）		棉机织物出口（万米/万美元）	
2006	256.77	1380.94	57.7	18.3	68.5	79.1
2007	253.72	1658.02	58.4	19.3	72.2	85.3
2008	249.98	1797.34	54.7	19.7	80.6	102.2

资料来源：《中国统计年鉴 2009～2001》。

说明：2001 年（含）之前，棉机织物出口为"棉布出口"。

（二）我国纺织业发展"后有追兵，前遇强敌"，需要形成新的竞争优势

面对其他发展中国家不断增强的竞争力、发达国家已经形成的技术和品牌优势，普通纺织品在国际市场上遇到了越来越激烈的竞争，高技术纺织品则很难挤入已被国际品牌所占领的市场。纺织业"后有追兵、前遇强敌"，迈入了需要转型升级的发展阶段，不进则退。

1. 我国纺织业的竞争力主要来自成本优势，技术和品牌处于劣势

我国纺织业是在发达国家的纺织产能逐渐向发展中国家转移过程中发展起来的。纺织业的竞争力主要体现在成本上，具有竞争优势的产品主要是劳动密集型的普通纺织产品。根据国际纺织制造商联合会（IT-MF）公布的 2008 年主要国家直接生产成本数据，尽管近年来我国劳动力成本有所提高，但仍具有优势，低于印度等竞争对手；原材料价格与国外相当甚至略高，部分抵消了劳动力成本优势，见表 3。根据全球纤维、纺织和时尚领域的咨询机构 Werner 发布的报告，2007 年世界主要纺织工业中，小时劳动成本最低的国家是孟加拉、巴基斯坦、越南、中国、印尼，中国沿海的劳动力接近 1 美元/小时，美国为 17 美元/小时，日本为 23 美元/小时。

我国纺织业在技术和品牌方面处于劣势。虽然有少数企业拥有世界先进的纺织设备，但大多数企业装备落后，纺纱、织造、染整等传统工

表3 2008年主要纺织国家面料直接生产成本指数比较（意大利为100）

项目		中国	印度	巴西	埃及	韩国	美国
环定纱 机织	面料成本	61	60	62	61	63	69
	加工成本	44	49	50	38	51	64
环定纱 针织	面料成本	74	66	73	76	73	73
	加工成本	49	49	57	43	54	65

资料来源：根据ITMF2008数据计算。

艺及装备与世界先进水平有较大差距。与国际纺织工业技术进步相比，我国虽奋力追赶，仍有不小差距。我国纺织品在全球市场上拥有30%左右的市场份额（销售额），但获得的利润并没有这么高，大部分被以文化、设计为主导的国际品牌摄取。

2. 印度等其他发展中国家紧追不舍，中低端产品竞争力不断增强

近年来，受人民币升值、劳动力成本上升、原料价格上涨等诸多因素影响，纺织业成本优势正在削弱。2005年启动人民币汇率形成机制改革，人民币至今升值已超过20%，纺织品出口价格不断上升，利润空间缩小。随着经济发展，劳动力成本已有较大幅度的上升，如上海从1993年建立最低工资标准以来，已经上调16次，目前已高达960元/月；从2004年开始，沿海各地出现了"民工荒"、"技工荒"，2009年末至今有愈演愈烈之势，劳动力成本还将进一步上涨。为保护棉农利益，我国实施棉花进口配额制并征收滑准税，国内棉价高于国际棉价约2000元/吨。

此消彼长，一些发展中国家凭借劳动力低廉和原料充足的优势，开始形成可以挑战中国的竞争力，国际市场上越来越多的中低档产品订单流入印度、巴基斯坦、越南等国家。

印度是世界第二大纺织品生产国，劳动力充足，劳动力价格与我国接近，纺织原料资源丰富，发展潜力巨大，国际舆论普遍认为是中国的主要竞争对手。纺织工业也是印度的支柱产业，产值占全国工业总产值的比重约为14%，纺织品出口占出口总值的比重约为37%，从业人员

约为 1500 万。纺织工业门类较齐全，包括棉纺织、化纤、黄麻、丝绸、毛纺等，既有属于农业经济时代的手工纺纱和织造，也有资金和技术密集程度较高的现代化纺织企业。优强企业的国际化经营能力、产品创新和开发能力、融入高端国际产业链的能力均较强，例如 Vardhman 集团有 55 万纱锭的生产能力，主要生产中高端产品并向欧洲市场出口，与中国同类纺织企业相比，由于其定位国际高端客户，产品售价和利润率都较高。

3. 发达国家和地区已经建立了技术和品牌优势

在过去的 10~15 年里，面对来自发展中国家的激烈竞争，发达国家和地区逐步退出了普通纺织产品生产领域，通过创新努力扩大高附加值的高技术产品市场份额，培育了大批国际知名品牌。创新活动主要集中在高技术产品开发、纺织技术及设备研发、创意设计和品牌培育等方面。

所开发的高技术纺织产品具有更好的防皱、弹性、舒适、可洗涤性、吸湿透气、防虫、防污染、抗菌防臭等性能，附加值更大。特别需要注意的是，发达国家和地区的纺织产品中，产业用产品的比例正在提升，目前已超过 1/3，我国仅为 15%。如德国在普通家纺产品领域的市场份额在萎缩，但在高科技织物领域拥有较强的市场竞争力，是防火服材料、飞机和轮船制造业所需的材料、运动服材料、防辐射材料等高技术纺织品领域的领头羊；产业用纺织品占纺织品总量的比重已超过 40%。再如日本纺织业放弃中低档纺织品，主攻高端产品和本土品牌，如高难燃性防火纤维、纵向纤维无纺布、传感器功能面料、丝绸风格的超细纤维织物等，在高端纺织品领域占据越来越重要的位置。

纺织技术及设备的发展方向是过程计算机化、纺织机械机电一体化、织造技术复合化、染整技术绿色化。从采集市场信息到产品花型设计、颜色/结构设计，从纺纱、织布、印染等生产领域到管理领域，整个纺织工业都在增加应用计算机，依靠计算机提高生产效率。纺织机械普遍应用电子技术，而且应用范围不断扩大、水平不断提高，以此来达到高速高产、优质高效的目标。近年来，化学纤维的复合技术和加工技术、天然纤维之间以及与化学纤维相互混纺交织技术、多层织物复合技术层出不穷，如结构复合、粘合复合、涂层等。生态染整技术发展也很快，染化料已具备短流程、无污染等特点，印染已广泛采用无水加工技术、无制版印花技术、低温等离子处理等先进技术。

时尚创意设计和品牌经营是另一种类型的创新，能够显著提高产品附加价值和利润。各大名牌纺织品每年都发布流行款式，引领着时尚潮流，绝大部分发展中国家只能跟随，通过与前者合作赚取加工费。纺织品国际名牌基本被西欧、美国、日本等国家和地区垄断，品牌培育并非一朝一夕之事，品牌格局短时间内不会有大的变化。

我国纺织业若要进军高技术产品市场，将面临激烈竞争，对纺织业的进一步升级形成了很大的阻力。

（三）我国企业创新的基本情况和经验

1. 如意集团：自主研发纺织技术，突破了现有技术纺高支纱的极限

如意集团的前身是始建于 1972 年的山东济宁毛纺织厂。经过三十多年发展，特别是经过近十年的高速发展，目前主营业务涉及毛条制造、毛精纺、兔毛纺纱、服装、棉纺织、棉印染、针织、纤维、牛仔布等产业，拥有完整的毛纺服装产业链和棉纺印染产业链。

（1）建立较完整的技术创新与开发体系。如意集团 2008 年被认定为高新技术企业，被国家纺织业协会列为毛纺行业国家级新产品开发基地。在国家级企业技术中心的体系下，设有博士后科研工作站、山东省泰山学者岗位、山东省新型纺织面料工程技术研究中心、如意技术研究院、集团级技术中心、公司级技术中心，分别承担着技术储备、技术研发及项目实施的职能。

如意集团已经获得鉴定的主要科研项目 60 余项，均达到国内领先水平；获得国家级科技进步奖 4 项，省部级、市级科技进步奖 40 余项（其中省级一等奖 3 项、二等奖 7 项，部级一等奖 2 项）。授权专利 22

项，受理专利近 30 项（其中 PCT 发明专利 1 项，美国发明专利 1 项，中国发明专利 7 项）。

2009 年，如意集团首度参加顶级面料世界博览会法国 PV（第一视觉博览会）展会，表明企业具备了开发顶级纺织面料和发布面料流行趋势的实力。

（2）自主研发"如意纺"等纺织技术，重视新产品开发。2009 年 2 月，如意集团、武汉科技学院、西安工程大学共同开发成功"高效短流程嵌入式复合纺纱技术（如意纺）"，突破了现有环锭纺纱技术纺高支纱的极限，实现了低等级纤维原料及下脚料纺高支纱，将一些原来很难在纺纱领域使用的纤维原料实现了纺纱应用，达到国际领先水平。经中国纺织工业协会及中国工程院院士鉴定，这是一项对增强中国纺织工业国际竞争力意义重大的原创技术。

如意集团还开发了赛络菲尔纺纱专利技术、国产超细羊毛加工技术、单纱可织造技术、清洁生产技术、生物酶处理技术、无甲醛防缩抗皱技术、多组合交化技术、废水预热回收利用技术、敏捷环保染色技术、连续弹性整理技术等纺织技术。

在纺织技术支持下，如意集团开发了塞洛菲尔、超高支特轻薄、环保生态、形状记忆、可机洗、极品羊绒、莱卡弹性、防水防油防污等系列产品，主导产品精纺呢绒有 1000 多个品种、近万种花色。2002 年，"赛络菲尔纺纱技术及系列产品"获国家科技进步二等奖，该奖为国内毛纺行业建国以来的最高科技奖。如意毛纺 300 支超薄高支面料达到世界顶级技术水平，囊括两项中国纺织业协会科技进步一等奖，成为国内毛纺厂家首家获得一等奖的企业。

2. 鲁泰集团：重视研发，与国外客户合作开发新产品

鲁泰集团是世界上最大的高档衬衣色织面料生产商，拥有棉花种植、纺纱、漂染、织布、整理、制衣完整生产链的生产和研发能力，现有员工 2 万余人。在国际上，鲁泰是与日清纺（日本）、阿比尼（意大利）、蒙替（意大利）比肩的高端色织面料生产企业。2008 年实现营业

收入 50.65 亿元、利润 6.55 亿元、出口创汇 4.59 亿美元，同比分别增长 13.7%、17.8%、18.9%。

（1）加强企业研发体系建设，加大研发投入。鲁泰集团于 2008 年被再次认定为高新技术企业，获得了全国纺织技术创新企业称号。鲁泰认为要想获得更好的生存条件，必须依靠创新，不断满足客户需求。近几年来，研发经费占到销售收入 5% 以上，共申报发明专利 21 项、实用新型专利 36 项，已授权 26 项。

在发展过程中，鲁泰集团逐步形成了以企业技术中心为主体、由各事业部技术研发科和下属工厂车间攻关小组组成的三级研发体系。技术中心下设办公室、培训中心、纺/织/染/整/制衣中试基地、品质检测中心、技术开发推广部、博士后科研工作站、东华大学鲁泰技术研究中心、鲁泰克莱恩纺织染整技术研究中心、意大利产品开发设计中心、八个专业技术委员会。八个专业委员会分布于各事业部内，下设研发科，研发科由多个课题攻关组组成。鲁泰技术中心被国家五部委认定为国家企业技术中心，其实验室通过了中国合格评定国家认可委员会（CNAS）认证。

（2）与国外客户紧密合作，不断进行技术改造和开发新产品。鲁泰集团认为来自市场和高端客户的需求，是企业创新的源动力。企业与国际著名品牌紧密合作，与终端客户形成了良好的互利发展关系。客户对产品品质及性能不断提出要求和建议，促使鲁泰不断进行技术改造和开发新产品。

1990 年集团创建时，鲁泰就引进了当时日本丰田、村田的先进设备。1997 年 B 股融资、2000 年 A 股融资所得资金，全部用于引进国际先进设备和现代化生产线。如引进了当前世界上最先进的瑞士卡摩纺纱设备 24.7 万锭、具有国际先进水平的日本液氨加工设备 5 套、国际领先水平的全自动穿经设备 16 台套，并成功升级改造了卡摩赛络积聚纺纱设备和技术。经过不断攻关，鲁泰自主开发了具有国际领先水平的"半缸染色"技术，即可节省原料，又能减轻污染，获得全国印染行业节能减排优秀技术创新成果一等奖。

鲁泰集团已完成新产品开发、课题攻关 200 多项，其中"超高支纯棉面料加工关键技术及产业化"等 2 项目获得国家科技进步二等奖，纯棉超高支面料等 4 个新产品、新技术居国际领先水平；全棉液氨 + 潮交联 + 纳米三防整理面料等 11 项新技术居国际先进水平；棉/羊绒混纺高支机洗免烫面料等 3 个新产品居国内领先水平。以天然纤维面料开发为主线，以多组分功能纤维面料为引领，以洗可穿超级免烫技术为核心，已形成 82 个系列、十几万个花色的产品体系。2008 年，新产品订单占总订单的 50% 以上，新产品销售收入占公司总销售额的 65% 以上。

3. 魏桥集团：依靠技术改造提高产品竞争力，通过管理创新提高效益

魏桥集团是世界上最大的棉纺织企业，拥有 16 万员工，集纺织、染整、服装、家纺、热电、盐化工、氧化铝、电解铝、铝精深加工于一体。魏桥的纺织规模达到 700 万纱锭、5 万台织机，年纺织产能为 80 万吨棉纱线、20 亿米布、1 万吨染色纱、1 亿米染色布。

（1）技术改造与开发新产品相结合。2008 年，魏桥集团保持了健康平稳较快发展，实现销售收入 756.7 亿元、利润 54.1 亿元，自营进出口额 21 亿美元，连续 11 年位居全国棉纺织业首位。取得这样的成绩，魏桥认为主要得益于持续创新，把创新放在企业发展的主导地位。

自进入棉纺织领域以来，魏桥集团不断向先进装备和技术改造投入资金，把扩大企业规模建立在技术水平不断提高的基础上。魏桥先后引进了清梳联合机、精梳机、紧密纺细纱机、自动络筒机、喷气织机、剑杆织机等先进设备，棉纺织设备达到 20 世纪 90 年代以后的国际先进水平，形成了全国最大的无结纱、精梳纱生产基地和无梭织造生产基地。2008 年，魏桥采用新工艺，40 支以下纯棉品种全部执行无 PVA 上浆工艺，40 支以上纯棉品种逐步减少 PVA 用量，既降低了生产成本，又有利于环境保护。

结合技术改造，魏桥集团不断开发高技术含量、高质量、高档次、

高附加值的产品，以高档产品引导市场、占领市场；不断开发优质中低档产品，提高中低档产品的竞争力。魏桥每年开发新品种上千个，相继开发并批量生产了莫代尔、有机棉、凉爽纤维、超爽纤维、大豆蛋白纤维、牛奶纤维、竹纤维、蚕丝、天丝等新型功能性纤维，高支特细纱和高支高密坯布品种，涵盖两纱两布、高支高密、弹力面料、牛仔布、化纤布等十大门类。

（2）管理创新。魏桥集团在各部门全面实现信息化，日常管理迈上了信息高速公路。生产管理、人力资源管理等系统主要依靠自身研发力量来开发和维护，财务管理、供应链管理方面和用友公司保持良好的合作关系。通过严抓内部管理和信息化建设，大大提高了产品研发试制的效率，吨纱耗棉控制在 1035 公斤，在同行业中处于较低水平；工业产值综合能耗由 2007 年的 0.3706 吨标准煤/万元下降为 2008 年的 0.3424 吨标准煤/万元，环比下降 7.61%。

4. 即发集团：利用海洋生物材料开发新型功能面料

即发集团创建于 1955 年，截至 2009 年 5 月，已有 30 多家子公司和分厂，拥有员工 1.5 万名。2008 年实现销售收入 53.78 亿元、增长 7.17%，出口创汇 4.66 亿美元、增长 18.75%；研发经费占销售收入的比重达到 3.6%，新产品产值率达到 46%。即发集团多年来的发展，特别是能够经受住金融危机的考验，关键得益于持续创新。

即发技术中心成立于 1996 年，2004 年被认定为国家级企业技术中心，是国内针织行业首家拥有青岛市甲壳素材料工程技术研究中心和由 CNAS 认证的国家级实验室，纺织材料检测实验中心达到国际先进水平。

即发集团相继开发了海洋生物贝壳质保健针织品、微孔聚四氟乙烯膜及防风透湿功能型面料等产品。甲壳素是从海洋生物中提取的脱乙酰壳聚糖，用于纺织产品后具有手感柔软、无刺激、高保湿、保温、抑菌除臭等功能，对皮肤有很好的养护作用，海洋生物贝壳质保健针织品项目获得国家科技进步二等奖。微孔聚四氟乙烯膜及防风透湿功能型面料技术水平达到国际先进，具有防水、防风、透湿、透气和阻隔微粒等功能，可广泛用于医用防护、国防军事、高效过滤、电子等领域，各项指标均处于国内领先水平。

即发集团把提高管理水平作为一项重要工作来抓，通过严控采购环节和严管生产环节，有效控制了生产成本；通过推进精益生产，加强生产环节的精细化管理，减少浪费，增加了效益。

（四）纺织企业创新模式、特点与问题

山东是纺织大省，也是我国纺织服装重点生产基地，上述四家企业是山东纺织企业中创新活跃且各具特色的企业，对于分析如何依靠创新促进纺织业转变增长方式很有代表性。归纳四家企业创新的基本情况和经验，其创新模式、特点与问题如下。

1. 纺织企业主要从事两种创新

目前，我国纺织业有两种主要的创新形式，一种是更新装备、改善管理和改进工艺，一种是开发新产品。

从调研情况看，设备更新以引进为主，管理创新以购买服务为主，自主创新主要集中在改进工艺上，其中不乏重大的原创性技术，如如意集团的高效短流程复合纺纱技术、鲁泰集团的半缸染色技术。

新产品开发通常是颜色、式样的小修改，或者是跟随国际流行趋势、根据国外客户的详细要求来设计，绝大多数企业没有能力自主开发流行面料。高档面料利润高但市场空间小，中低档产品利润薄但市场份额高，通过创新不断提高中低档产品的质量、降低成本，同样是非常有意义的。

2. 创新主要集中在生产环节，高端创意设计和自主品牌少

从调研企业看，即使是各细分行业内发展最好的企业，其创新活动也主要集中在生产环节，以装备更新、工艺改进和简单新产品开发为主，仍处于引进技术消化吸收再创新阶段。"微笑曲线"两端的能影响国际纺织市场的创意设计和具有一定市场影响力的自主品牌非常少。少

数企业已经涉足高端市场，具备了一定的研发设计高档产品的能力，但产品的主要出路还是贴牌代工。

随着人民收入水平的提高，对纺织品牌的需求日益增大，国际品牌的本土化进程很快，但国内品牌国际化的进程相对较慢。国内纺织企业的品牌知名度难以与国际品牌相比。

3. 纺织业成本优势正在削弱，需要依靠创新提高竞争力

我国纺织业的竞争力主要体现在成本上，具有竞争优势的产品主要是中低层级、劳动密集型产品。近年来受诸多因素影响，纺织业成本优势正在削弱，一些中低档产品订单开始流入印度、巴基斯坦、越南等国家。2005年我国启动人民币汇率形成机制改革，人民币至今升值已超过20%，纺织品出口价格不断上升，利润空间缩小。劳动力成本随着我国经济发展而提高，属于劳动密集型产业的纺织业生产成本逐步上升。为保护棉农利益，我国实施棉花进口配额制并征收滑准税，维持国内棉价高于国际棉价约2000元/吨。纺织产品的增值税率为17%，但销项税率为13%，存在4%的差额，实际税负较高。

我国纺织业整体创新能力薄弱，纺纱、织造工艺与世界先进水平有较大差距，高性能纺织机械主要依靠进口。近年来，国际纺织业技术进步主要体现在设备机电一体化、纤维织物复合化、工艺节能环保化、产品高科技化、生产管理信息化等方面，我国虽奋力追赶，仍有不小差距。

纺织企业要想获得生存发展，必须不断降低成本、提高质量保住中低端市场份额，通过开发高技术产品扩大高端市场份额，这都需要依靠创新。

4. 知识产权保护需要加强

投入巨资取得的技术成果必须得到应用，才能获得经济效益。特别是可以用于全行业的工艺技术，如果能够顺利出售给其他企业，不仅会给开发技术的企业带来更大的收益，而且将提高全行业的技术水平。知识产权得到有效保护，是技术成果扩散的前提。培育自主品牌，首先也必须确保商标不被仿冒侵权，企业才能不断积累，逐步提高商标价值。

由于我国知识产权保护力度不足，阻碍了技术成果扩散和培育自主品牌。当前，知识产权保护形势发生了很大的变化，侵权的受害者主要是国内企业，加强知识产权保护，已是我国企业发展的需要。

（五）促进纺织业创新的政策建议

为鼓励纺织业创新、达到转变增长方式、提高行业竞争力的目的，制定针对纺织业创新特点和问题的政策显得很必要和迫切。

1. 支持纺织企业技术改造和开发新产品

尽快落实《纺织业调整和振兴规划》，加快技术研发和产业化步伐，推动棉纺、针织等行业技术改造，加快淘汰落后工艺和产能。

建议以事后奖励方式按一定比例补助企业的技改投入和新产品开发费用。对于一些可供全行业使用的技术成果，如提高纺织工艺水平的技术、节约原料染料的技术、减少污染物排放的技术，建议有关部门组织推广应用，使技术成果能在行业内扩散。引进国内还不能生产的纺织设备，免征进口环节增值税。

2009年4月24日，国务院全文发布《纺织业调整和振兴规划》，执行时间为3年。由于制定可操作性的实施办法还需要一段时间，真正落实规划的时间很短，建议延长至5年或更长。

2. 鼓励创意设计

目前我国企业还没有实力参与能够引领世界时尚流行动向的创意设计，很难和国际知名企业同台竞争。拥有这种高端创意设计能力，并非一朝一夕之功，需要大量企业不断努力才有希望获得这方面的话语权。

建议有关部门整合发布平台，提高发布档次和质量，组织不同规格的面料创意设计大赛、加大奖励力度，营造鼓励创意设计的氛围。

3. 加强知识产权保护，鼓励企业培育自主品牌，推广专利技术

知识产权制度是鼓励创新的重要制度，知识产权制度完善，企业才有动力培育自主品牌，才能转让专利技术，获得经济效益。目前，我国

知识产权法律体系已经较为完备，但管理和执法保护方面需要加强。

为引导和支持企业创新，应着力提高知识产权管理能力，加强行政执法和司法保护，提高知识产权确权、制止侵权、解决纠纷的效率，使知识产权能够有效行使。

4. 支持企业技术中心

在国际金融危机影响下，纺织业利润很薄，仍有余力投入研究开发的企业都是纺织业内的骨干企业，这些企业如何能够逆势成长，将在行业内能起到示范带动作用。通过支持企业技术中心，引导和支持骨干企业创新，是促进纺织业结构优化与升级的可行途径。

建议对企业技术中心的重大研究开发项目给予一定比例补贴，尤其是能够提升整个行业技术水平、降低能耗和污染的项目。

执笔人：马名杰

以降低单位 GDP 碳排放强度为重点的资源节约和环境保护战略

一、实施以降低单位 GDP 碳排放强度为重点的资源节约和环境保护战略的意义

节约资源和保护环境是中国转变发展方式的内在要求。资源节约和环境保护的内涵十分丰富,而减少温室气体排放则是其中的重要内容。温室气体以二氧化碳为主,主要是由人类使用石油、天然气、煤等化石燃料引起。因此,碳排放的问题既关乎环境保护,又关乎资源性产品的节约。目前,减少碳排放已成为人类实现可持续发展的共识。但是,在现有技术条件下,碳排放又是经济发展之必需。中国作为一个发展中大国,必须兼顾减少碳排放与发展经济的双重目标。

这意味着,中国一方面要发展经济,其碳排放总量会在今后相当长一段时期内继续增长;另一方面,中国又要采取减缓行动,使其排放量增长速度低于常规发展模式(business as usual,BAU)下的排放。单位 GDP 碳排放强度,则是一个能够反映上述两方面因素的指标。因此,以降低单位 GDP 碳排放强度为目标,就成为中国今后实行资源节约和环境保护的一个重要战略性选择。

人们在讨论减少碳排放问题时,经常提到所谓低碳经济的概念。在

讨论降低单位 GDP 碳排放强度之前，应对低碳经济的概念进行严格定义，以免产生误导。如果 2050 年大气层中温室气体浓度不能控制在 450PPM，则很可能会有非常严重的后果。如果从现在开始就采取应对措施减排放，则减排的成本会大大超过不减排的危害。大多数科学家同意，全球温室气体必须控制在 450～550 PPM CO_2-e 范围之内，超过这一界限地球将有灾难性后果，尽管这种后果是否真的会发生仍有不确定性（IPCC，2007；Stern，2007；Garnaut，2008）。当然，减排本身也会促进经济增长。因此，对全球而言，由于全球变暖会给整个地球带来危机和经济危害，减排的好处大于不减排的危害，因而合理的低碳水平对全球是有利的。但是，对单个国家而言，则不能一概而论。如果排放成本成为一种硬约束，则它就应被视作众多生产成本中的一种。在给定全球排放总额的条件下，由于每个国家减排的机会成本不一样，对有些国家而言，提高碳排放水平可能更有利，有些则降低碳排放更有利。一国之内的情形也是如此。在给定一国总的碳排放额度的条件下，有些地区可能降低碳排放更有利，而有些则反之。

用一个例子说明。假定 A 国和 B 国的排放权都是 100 单位。如果没有全球分工，则 A 国和 B 国都需要用这些排放权额度去生产自己所需要的商品。此时两国的实际排放均为 100。但是，如果有全球分工，则各国根据自己的成本优势来选择自己的产业，则 A 国有可能选择主要发展低排放产业，将碳排放权卖给 B 国并从 B 国进口高排放的产品。B 国则选择主要发展高排放的产业，从 A 国购买额外所需的碳排放权，并向 A 国出口高排放的产品。假定在这种有分工情形下，A 国的实际排放为 20 单位，B 国的实际排放为 180 单位。显然，单从单位 GDP 排放的角度来看，A 国是低碳经济，B 国则是高碳经济。但是，这样简单地给 A 国和 B 国贴上低碳或高碳的标签，并以此来判定两国经济的优劣只会产生误导。第一，全球的碳排放水平仍然控制在 200 单位的总量上，A 国和 B 国虽然实际排放量不一，但对全球减排所做的贡献是一样的。第二，A 国和 B 国只是产业分工不一样，其经济发展水平并不因其碳排放水平的不同而不同。因此，我们不能说低碳就是好的，而高碳就是不好的。相反，以总成本收益的标准来看，假定 A 国排放 30 单位更有效益，则其只排放 20 单位而出卖其余 80 单位排放权就是不好的，因为无论是从 A 国的利益还是全球资源最优配置的角度而言，A 国的做法都是非效率的。各国之间的情况如此，一国之内各地区的情形也是如此。

因此，问题的关键是界定各主体（各国或各地区）的排放权，并将排放成本变为硬约束。这样，只要将排放成本变为硬约束，各企业主体和居民就会根据利益最大化的原则确定其最优碳排放水平，形成最优的单位 GDP 排放强度。此时形成的全国 GDP 排放强度，就是最有效率的排放强度，也是最适度的碳排放强度。碳排放强度并不是越低越好，也不是越高越好。因此，除非特别说明，本文在援用低碳经济概念时，是指具有最优碳排放强度的经济。由于中国过去的碳排放强度是在没有建立起碳排放硬约束条件下（即 BAU 情景）形成，故只要引入碳排放硬约束，则排放强度肯定会低于 BAU 情景下的强度。

这里涉及到两个环节：一是确定中国未来的碳排放空间，前者需要有一套科学合理的在各国之间分配排放权的理论和方法。这是中国在国际谈判中需要解决的问题。国务院发展研究中心课题组（2009a）提出了一个界定各国排放权的理论框架，并提出了基于人均排放权相等原则的国家排放账户法的全球温室气体减排解决方案。这为确定各国排放权提供了一个坚实的理论依据。二是让排放成本成为各市场主体的硬约束。这就是要将一国总的排放额度在国内进行合理分配，使之进入各市场主体的成本约束，并相应地建立起一套灵活的主要基于市场的实现机制。

本报告的目的，就是从碳排放的角度，探索在中国如何建立起资源节约、环境保护的内在机制，以实现发展方式的根本转换。第二部分将揭示最优碳排放强度形成的内在机制。第三部分讨论实现这种机制的具体途径。第四部分描述中国发展低碳经济的前景及路线图。第五部分揭示降低单位 GDP 排放强度对中国的含义。最后一部分是结论及政策建议。

二、降低单位 GDP 碳排放强度的内在机制

目前中国节能减排存在的问题主要表现为：一方面，节能减排指标的设定环节存在问题。包括：全国节能减排目标的设定缺乏充足的依据，各地区的节能减排任务分解有欠公平，各地区的节能目标与国家目标不自洽，降低单位 GDP 能耗目标这种相对指标不可交易。另一方面，迄今未能建立起一种基于市场化的自我实现（self–enforcing）的有效节能减排的内在实现机制。目前的节能减排主要依靠行政性手段，缺乏灵活的国际国内节能减排合作机制，从而不仅节能减排工作缺乏有效性，而且使得节能减排资源难以实现最优配置。

要使资源节约和环境保护工作的效率事半功倍，关键是要建立起基于市场经济的节能减排内在机制。市场经济本质上是资源节约、环境保护型经济。如果将资源、环境纳入成本，进入居民和企业的预算，建立起硬预算约束，则居民和企业出于自利的需求，就会最有效率地进行排放，从而实现全社会资源节约和环境保护的目的。

从市场主体的行为来看。企业的目标是在给定约束条件下追求利润最大化。成本越低，则利润越高。在过去，全球变暖还没有成为一个问题，企业并不需要为其碳排放付出任何成本。当全球温室气体减排已形成国际共识且各国受国际减排协定约束时，碳排放就成为一种稀缺的资源，任何市场主体必须依据碳市场价格进行有偿使用。这样，企业在进行生产时，就必须购买碳排放权，将碳排放的成本纳入预算约束。显然，碳排放越少，其成本就越小，利润就越高。当然，也要看其碳排放减少是如何实现的。如果是通过增加其他要素的投入成本来替代碳排放成本，则企业需要考虑替代成本的大小。如果是通过投资减排设备来降低碳排放，则需要考虑这些设备投资的成本。无论如何，此时碳排放已成为各种成本中的一种，企业出于追求利润最大化的动机，会最节约地

进行碳排放。对于追求效用最大化的消费者而言，其对能源及各种含碳产品的消费，均会受到市场价格的约束，这些反过来又会作用于价格，从而形成最有效的碳排放产品消费市场。

政府的职能在于界定（或设定）各主体的碳排放额度、保护产权（即碳排放权）、建立和维护公平公正的碳市场交易制度和秩序。当通过市场机制进行减排的交易费用过高时，还需要政府利用各种规制手段来进行直接管理。比如，制定技术标准、排放标准，甚至对碳排放进行直接控制，等等。

一些人将全球变暖归结为市场失灵（比如，Stern，2005）。这种说法具有一定的误导性。市场发挥作用的前提是产权的明晰界定。对于碳排放而言，如果碳排放权不能得到明确界定，则市场就无从发挥作用；而界定产权，则正是政府的职能。因此，与其说全球变暖是市场的失灵，还不如说是政府的失灵。如果政府从全国（或全球）利益出发，制定出未来的碳排放总额度，并对这一总额度在各市场主体间进行分配，则市场就有了发挥作用的基础。对于明晰界定产权交易成本过高的，也可以实行政府直接干预的做法。这种干预，并不是对市场的替代，而恰恰是市场选择的结果，其目的是为了实现全社会总的交易费用最小化。因此，在一个成熟的市场经济体中，只要市场主体和政府的功能健全，则碳预算约束的硬化就会形成资源节约和环境保护的内在机制。

中国在转换经济增长方式中面临的一个重要问题是，资源性产品的价格低估，从而造成价格信号的扭曲。如果将生产过程中消耗的所有资源和环境等因素纳入成本（或类比西方的行业标准），则中国企业现有的成本约束会发生很大的改变，中国原先的比较优势格局以及在此基础上形成的进出口格局也将发生改变，进而整个经济体系的生产模式和经济结构都会随之改变。由于中国过去没有将这些资源和环境约束纳入生产成本，这在一定程度上造成了中国出口成本过低。这种成本的扭曲在某种程度上强化了中国的出口导向型经济结构，形成了目前较为严重的内外结构失衡问题。因此，要解决中国的资源节约和环境保护问题，不仅要将碳排放成本纳入预算约束，而且要将其他各种资源和环境类成本一并纳入成本。这就涉及到资源型产品价格改革的联动。如果资源节约和环境友好的价格环境能够形成，则要素价格提高会促进相关低碳产业发展，形成一个庞大的低碳产业链，从而促进经济增长。因此，那种将节能减排与经济增长相对立的观点是一种静态的观点。如果节能减排的内在激励机制得以建立，则节能减排就会具有内在动力。这就为新技术的突破创造了条件。

三、降低碳排放强度的多元化实现途径

上述基于市场化的资源节约和环境保护的内在机制一旦确定，我们就可以在此基础上建立起一个与市场经济本质相适应的多元化的低碳经济实现途径。这种多元化的具体实现途径包括排放权交易市场、碳税、混合模式、政府管制、技术标准，等等。这些不同的方法，各有优缺点。根据国务院发展研究中心课题组（2009a）提出的设想，应将碳排放权在各省之间按人均的原则进行分配，并辅之以排放权额度调整，从而为各省建立相应的省级排放账户。一旦各省排放账户建立，则该账户就成为一个开放兼容的操作平台，一个以排放权市场交易为主体的多元化的灵活减排实现体系就可以建立起来。一个省份既可以选择上述方法中的一种办法，也可以同时采用多种方式。在一国范围之内，这些方法可以在不同的省份同时存在，并相互竞争，以最有效率地实现节能减排资源最有效率地配置。与此同时，这些多元化的模式还需要有相应的实现体制和政策机制来保证。

1. 以排放权市场交易为主体的多元化体系的内涵

（1）排放交易计划（emission trading scheme，ETS）：中国应建立起国内排放权交易体系。每个省将其排放额度向企业进行拍卖或按人均免费分配，然后各参与主体进行交易。如果跨省的排放交易系统能够建立，则省际之间就可以进行排放指标交易。排放额度不够的省份，可以向其他省份或从国际上购买排放额度，反之则可以出卖额度。任意排放权跨省交易的结果，都要反映在省级排放账户余额的变动上。每个省份要求平衡自己的排放账户。

（2）联合履约（joint implementation，JI）：省际之间可以采取联合履约的方式。比如，高排放的 A 省和低排放的 B 省在目标年份的总排放不超过两省分配的排放额度。这其间，B 省可以向 A 省转让排放指标盈余，而 A 省则对 B 省支付经协议认可的报酬或其他补偿。这种方式，类似于《京都议定书》中的联合履约机制。

（3）清洁发展机制（clean development mechanism，CDM）：在排放账户的平台上，《京都议定书》中发达国家和发展中国家合作的清洁发展机制就可以扩展成为一种双向的机制，并且可以创造性地在国内运用。企业可以在省际之间进行减排建设项目投资。投资核减的排放额度，则计为投资企业的排放额度，该企业所属的省份，其省级排放账户余额相应增加。同时，被投资省份，其省级排放账户余额相应核减。比如，北京的企业可以在贵州投资减排项目。此时北京的排放账户余额相应增加，而贵州则相应减少。任何一个省份的企业，均可以向任何其他省份投资减排项目。比如，贵州的企业亦可在北京进行减排投资。

（4）碳税：有的省份也可以选择征收碳税的办法。征收碳税的缺点之一是，碳税的高低往往难以确定，其对实际排放量产生的效果也难以控制。不论是征收碳税还是设立排放交易体系，每个省的排放均不得超过其排放账户中的排放额度。对于征收碳税的省份，如果其实际排放高于其排放额度，则需要从其他省份或国际上购买相应的额度。反之，则可以向其他省份或国际市场出售排放指标。对单个企业而言，也可以允许其从省外排放市场购买排放指标而免税。这种跨省的排放指标交易则改变交易省份的省级排放账户余额。

（5）管制（command - and - control）：由于排放权交易和碳税主要针对那些排放量大的企业。对那些占企业总数大部分的中小企业或执行成本较高的企业，应采取政府管制或技术标准的方法。对于实行排放行政性管制的省份，或者对部分行业排放实行行政性管理的省份，其实际排放也不能超过其排放权。

（6）技术标准：各省可以中央排放标准为低限，实行更严格的排放标准。但无论如何，其效果应反映在其账户余额的变化上。采用更高排放标准的省份，其实际排放的减少可以增加其可出卖的排放指标数量，或减少其需要购买的排放指标数量。

2. 为什么中国的减排体系应以排放权交易市场为主体

我们在国际排放账户体系的基础上，提出中国应建立以排放权交易市场为主体的减排体系，是基于以下原因。

第一，排放权交易较之碳税具有更多优点。排放权交易和碳税国际上采用的两种最基本方法，二者都是基于市场的减排机制。排放权交易的最大优点是，其减排目标具有确定性，其缺点是涉及到监测、核定各市场主体的碳排放量，执行成本较高。碳税的缺点是，减排效果具有不确定性，因为税率高低设置很难正好同要达到的减排目标相一致，往往需要不断调整税率。这在现实中也较为困难。通常认为，碳税较排放权交易的优点是执行成本相对容易。但是，这个优点其实并不成立。由于碳税的课税对象是碳排放，如果要对碳排放征税，必然同样涉及到对各市场主体的碳排放量进行监测与核定，其成本并不比排放权交易更低。因此，相比较而言，排放权交易更具优势。

第二，中国需要建立市场化的节能减排机制。在"十一五"期间，中国在节能减排上采取了很大力度，但采取的却主要是行政性措施。这种行政化的节能减排措施虽然可以实现目标，但却很难实现节能减排资源的最优配置。如果排放权交易体系能够建立起来，则各市场主体就可以灵活选择各种最有效的减排量。

第三，今后碳排放权市场的市值将超过目前石油市场的市值，如果中国不发展排放权市场，就意味着中国在今后的国际碳排放权市场中丧失定价权。随着中国经济规模的迅速扩张，今后中国对碳排放额度的需求将会长期保持在高位。如果中国今后在碳排放这一重要的资源市场上没有定价权，则又必然会面临目前在铁矿石市场上同样的被动处境。

第四，中国国内的减排机制选择不能脱离当前国际排放权市场的主流。目前，欧盟、美国、澳大利亚、日本等国家都在建立以排放权交易体系为主的减排机制。中国作为世界上最大的碳排放国之一，实际上不可能在国内建立同国际主流减排体系不同的碳税体系。在国内减排机制上，中国只能选择同国际接轨。这正是所谓的路径依赖。

第五，排放权交易可以有效地应对国际上对中国减缓行动实行"三可"的要求。中国目前的减排同发达国家减排的性质完全不同，属于自愿性减排而非强制性减排。如果按照发达国家那样接受国际"三可"，则中国的减排行动的性质就发生了质的变化。当然，中国不应接受国际"三可"并不意味着中国不将其减排努力进行公开。在不接受"三可"的同时，中国应积极主动地向国际社会公开各种减排措施，甚至邀请国际社会进行观察。中国如果建立起排放权交易市场，则关于减排的所有信息自然会公开透明，从而也就不再存在所谓透明度的问题。一些国家在"三可"问题上对中国的攻击也就没有借口。

第六，碳排放权市场的建立，将为中央政府调控宏观经济提供新的有效工具。中央政府不仅可以通过控制每个年度的全国排放额度来对宏观经济进行调控，还可以通过类似"中央碳排放指标储备机构"在市场上买进或卖出排放指标，以实现宏观调控的目标。

第七，国际经验显示，碳排放权交易是一种行之有效的方法。目前欧盟排放交易体系的运行实践表明，这一体系十分有效。美国国内的二氧化硫交易体系等市场的运行结果也表明，用市场交易的手段能够有效解决减排的问题。这些国际经验，需要同中国的国情相结合，以使其发挥最大效果。

因此，在排放权交易市场的基础上，建立起多元化的减排机制，既能有效地发挥排放权交易的优点，也可以发挥其他减排手段的优点。这些不同的减排手段可以同时并存、相互竞争，以最有效地实现节能减排资源的最优配置。

3. 与多元化机制相适应的制度和政策支持

上述多元化的实现途径，需要有相应的制度层面的安排。这些主要涉及以下环节。

第一，排放权的分配。一是全国总的排放控制额度如何在各个省份进行分配，二是各省如何将其在省内分配。在分配各省的排放额度时，可以采用人均相等的原则，辅之以排放权调整以及财政转移支付的办法。

第二，交易机构。中国可以建立几家不同层次的排放权交易所，并且可以进行跨区域交易。

第三，认证。当各省进行跨区域交易时，应有相应的机构来对交易进行认证，并在各省排放账户上得以反映。

第四，监管。要建立相应的监管体系，对企业的减排效果进行检测和监管。

第五，考核。各省的实际排放量，不得超出其排放账户余额。

第六，税收和技术标准。

四、降低单位 GDP 排放强度的含义

1. 中国宣布的碳排放强度降低目标的含义

2009 年 9 月 22 日，胡锦涛主席在纽约联合国首脑会议上提出，2020 年中国单位 GDP 碳排放强度将显著低于 2005 年水平，非碳能源占能源消费总量 15%。中国政府在哥本哈根气候大会前正式宣布，2020 年中国单位 GDP 碳排放强度比 2005 年降低 40%～45%。中国提出的将 GDP 碳排放强度降低 40%～45% 的含义何在？根据国务院发展研究中心课题组提出的国际碳排放账户方案，该目标有如下含义。

第一，这一目标在国内具有强制性，但在国际上属于自愿减排性质。根据联合国气候框架公约和《京都议定书》中"共同但有区别的

责任"原则，发展中国家目前并没有强制减排义务。如果按照碳排放账户方案将各国"有区别的责任"明晰化，则不必要将国家分为发达国家和发展中国家即可以充分保护发展中国家的权利，从而各国的权利和责任就可以统一在一个国际协议框架下。但是，只要各国"有区别的责任"未得到明晰界定，则发达国家的减排就必须是"强迫"的，而发展中国家就必须是"自愿"的。因此，中国自愿减排的目标如果接受国际"三可"（即可测量、可报告、可核查），则意味着中国的减排性质就发生了变化。"三可"问题不是一个中国是否愿意将减排行动透明化的问题，而是关系到减排性质的问题。为了使国际社会充分了解中国政府在减排问题上的努力，中国完全可以主动将减排行动和数据公开，以让国际社会了解中国的减排努力。

第二，中国未来的排放空间应坚持人均历史累计排放权相等的原则。中国提出 2020 年将碳排放强度降低 40% ～ 45%，并不意味着中国未来的排放权就应该根据 40% ～ 45% 这一数字倒推计算，而是应该坚持人均历史累计排放权相等的原则来计算中国的排放空间。这是两个不同的概念：中国承诺的是实际排放量控制目标，并不意味着中国的排放权也只是这个额度。

第三，中国自愿减排产生的排放额度，应该可以存放到未来之用，或者在国际市场上出售。中国实际排放量和排放权之间存在着一个差额，且中国在承诺将实际碳排放强度降低 40% ～ 45% 后，这一差额会加大。这个差额就是中国可以自由支配的排放额度。

第四，中国宣布的减排目标是指真实减排，没有抵消机制。这一方面意味着中国政府承诺的目标具有非常大的难度，显示了中国政府减缓排放的决心和努力。另一方面，这也意味着中国将减排目标置于首要位置，将效率目标置于次要位置，因为每个国家的减排机会成本不一，中国的最优排放量并不一定正好等于宣布的实际排放量。

2. 单位 GDP 碳排放强度与碳排放量的转换

根据 GDP 增长率，我们可以从单位 GDP 碳排放强度下降目标计算出碳排放应该增长的幅度。

$$单位 GDP 碳排放强度降低目标 R = \left(\frac{x_1}{y_1} \bigg/ \frac{x_0}{y_0} \right) - 1 \qquad (1)$$

$$目标年份 GDP：y_1 = y_0 (1 + r)^n \qquad (2)$$

$$目标年份碳排放量 x_1 = x_0 (1 + R)(1 + r)^n \qquad (3)$$

$$目标年份碳排放量增长幅度 = (1 + R)(1 + r)^n - 1 \qquad (4)$$

其中，x 为碳排放量，y 为 GDP，下标 0 和 1 分别表示基年和目标年份，R 为目标年份相对基年的单位 GDP 碳排放强度变化幅度，r 为基年和目标年份期间 GDP 年均增长率，n 为目标年份和基年的年数差。

3. "十二五"规划期间（2011～2015 年）减排目标

假定 GDP 年均增长率为 9%（即 $r = 9\%$），且经济结构不变，我们考察不同单位 GDP 碳排放强度下降目标的含义。

——如果"十二五"期间要实现单位 GDP 碳排放强度降低 20%（即 $R = -20\%$）的目标，则 2015 年碳排放量还可以增加多少？

根据上面的公式（3）和（4），2015 年的碳排放量为 2011 年的 1.23 倍，只比 2011 年增加 23.08%，低于 GDP 同期 53.86% 的增幅。

——如果"十二五"期间要实现单位 GDP 碳排放强度降低 25%（即 $R = -25\%$）的目标，则 2015 年碳排放量还可以增加多少？

根据上面的公式（3）和（4），2015 年的碳排放量只能比 2011 年增加 15.40%，低于 GDP 同期 53.85% 的增幅。

4. 中期减排目标：2005～2020 年

假定经济结构不发生变化，我们分别考察 2020 年中国单位 GDP 碳排放强度比 2005 年降低 40% 和 45% 的两种情景。

——如果 2020 年单位 GDP 碳排放强度比 2005 年降低 40%，GDP 年均增长 9%，则 2020 年碳排放还可以比 2005 年增加多少？

GDP 如果以年均 9% 的速度增长，则经过 15 年的增长，2020 年的 GDP 为 2005 年的 3.64 倍，增长 264%。根据公式（3）和（4），2020 年碳排放只能为 2005 年碳排放的 2.19 倍，增长 118.55%。

——如果 2020 年单位 GDP 碳排放强度比 2005 年降低 45%，GDP 年均增长 9%，则 2020 年碳排放还可以比 2005 年增加多少？

GDP 如果以年均 9% 的速度增长，则经过 15 年的增长，2020 年的 GDP 为 2005 年的 3.64 倍，增长 264%。根据公式（3）和（4），2020 年碳排放只能将为 2005 年碳排放的 2 倍，增长 100%，远低于同期 GDP 增长幅度。

5. 有经济结构变化的情景

可见，如果没有经济结构和能源结构的变化，要实现上述单位 GDP 排放降低的目标，难度会非常大。如果考虑经济结构的变化，上述结果会有什么不同？为了简便且直观地说明问题，我们假定，碳排放全部由制造业相关的高排放部门排放产生。假定基年高排放部门在 GDP 中的份额为 s_0，目标年份额为 s_1，全部 GDP 碳排放强度下降目标为 R，则高排放部分单位 GDP 排放强度变化幅度 R' 为：

$$R' = \left(\frac{x_1}{s_1 y_1} \bigg/ \frac{x_0}{s_0 y_0} \right) - 1 = \frac{s_0}{s_1}（1 + R）- 1 \qquad （5）$$

高排放部门在 GDP 中的份额下降越大，则全国单位 GDP 排放强度降低的目标愈容易实现。

——如果 2020 年全国单位 GDP 碳排放强度比 2005 年下降 40%，则高排放部门的单位 GDP 碳排放强度要下降多少才能实现全国的目标？我们考察两种假定的情形。

第一种情形：如果高排放部门在 GDP 中的份额由 50% 下降到 40%，则高排放部门的单位 GDP 排放强度只需要比 2005 年下降 25% 就能实现全国目标。

第二种情形：如果高排放部门在 GDP 中的份额由 50% 下降到 35%，则高排放部门的单位 GDP 排放强度只需要比 2005 年下降 14.29% 就能实现全国目标。

——如果 2020 年全国单位 GDP 碳排放强度比 2005 年下降 45%，则高排放部门的单位 GDP 碳排放强度要下降多少才能实现全国的目标？

我们同样考察两种假定的情形。

第一种情形：如果高排放部门在 GDP 中的份额由 50% 下降到 40%，则高排放部门的单位 GDP 排放强度只需要比 2005 年下降 31.25% 就能实现全国目标。

第二种情形：如果高排放部门在 GDP 中的份额由 50% 下降到 35%，则高排放部门的单位 GDP 排放强度只需要比 2005 年下降 21.43% 就能实现全国目标。

因此，降低中国的单位 GDP 碳排放强度，关键是要调整中国的经济结构，降低高排放部门在 GDP 中的份额，提高低排放的服务部门在 GDP 中的份额。我们将上面的模拟结果以及 2020 年的不同情形计算结果总结在表 1 中。

表 1　　　　　不同情景下的减排量（假定 GDP 年均增长 9%）　　　单位：%

		"十二五"时期 (2011~2015) 以 2011 年为基期		2020 年（以 2005 年为基期）			
不考虑经济结构变化	单位 GDP 碳排放强度降低目标	- 20	- 25	- 40		- 45	
	GDP 增长幅度	+ 53.86	+ 53.86	+ 264.14		+ 264.14	
	碳排放量增长幅度	+ 23.2	+ 15.40	+ 118.55		+ 100.27	
考虑经济结构变化	高排放部门 GDP 份额变化	50→45	50→45	50→40	50→35	50→40	50→35
	高排放部门单位 GDP 碳排放强度变化幅度	- 11.1	- 16.67	- 25	- 14.29	- 31.25	- 21.43

说明：在考虑经济结构变化的情形中，假定排放全部由高排放部门产生。这样处理主要是为了对经济结构变化对 GDP 碳排放强度的影响给出一个概念性说明。

可见，如果考虑到经济结构变化和新能源的发展，中国政府提出的到 2020 年将中国单位 GDP 碳排放强度降低 40% ~ 45% 的目标虽然有难度，但也不是不可以实现。为此，我们要在三个方面采取切实措施。一是通过大力发展服务业等低排放产业来加快中国经济结构的调整；二是降低高排放部门的节能减排工作；三是大力发展新的可再生能源。

6. 若干问题

那么，中国大幅度降低单位 GDP 碳排放强度的目标在经济上是否合理？这取决于：一是我们的排放权有多少（也即未来排放空间），二是降低的成本和收益比较是否合算。也即，中国需要完全通过降低实际排放强度来实现中国的减排目标，还是部分地通过从国际市场购买排放权来抵消减排额度？这种最优的减排结构，需要由市场来决定。这里涉及两个所谓的最优排放结构。

一是中国的国家最优排放强度。如果对所有国家施加碳排放约束且有排放权的国际贸易，则将碳排放成本引入生产函数，从全要素生产率角度衡量，可以求出中国最优单位 GDP（实际）碳排放强度（降低好？提高好？）。中国规模大，门类齐全，直觉看发展高碳不可取。最终结果如何，则有待测算。

二是中国各地区的最优碳排放强度。一国之内，资源要最优配置，必然有的地区适于高碳，有的低区则适于低碳，不能一刀切地要求所有地区降低碳排放强度。各地区的最优碳排放强度，可以做出相应测算。

另外一个重要问题是，中国即使承诺在 2020 年大幅度降低单位 GDP 排放强度，这种承诺也属于自愿减排性质，不是国际义务。在未来全球减排责任体系通过国家排放账户来定义时，这些自愿减排额应能转化为中国账户余额的增加。余额的增加，当然就意味着可以因此而获得利益。

五、中国降低单位 GDP 碳排放强度的前景及路线图

1. 中国未来应在国际上争取的碳排放额度

如果将碳预算约束硬化，则每个国家会有一个排放额度。全球变暖能否得到有效遏制，根本上取决于各国碳排放权的分配问题。中国目前已是世界上最大的碳排放国之一。中美两国的年排放量，占全球年排放量的 40% 以上。但是，这并不意味着中国在全球温室气体减排上应该承担同美国一样的责任，因为：第一，目前大气层中大约 70% 的温室气体均为发达国家的历史排放。从责任而言，中美两国在减排问题上并不是站在同一起跑线上。第二，以人均排放而言，中国的人均只有发达国家的 1/4 左右。发展中国家与发达国家在减少碳排放上虽然具有"共同的责任"，但在责任的分担上，又是"有区别的"。这就是所谓的"共同但有区别的责任"。因此，我们一方面要认识到节能减排问题的紧迫性和严峻性，另一方面又要清醒地认识到中国在节能减排上应该具有的权利。这就是说，要严格遵循联合国气候变化公约中关于发展中国家和发达国家"共同但有区别的责任"的原则。

但是，由于"共同但有区别的责任"原则中关于"有区别的责任"的表述模糊不清，这就给发达国家以推诿责任和混淆是非的空间。比如，发达国家简单地将中国等大的发展中国家的当前高排放与他们当前的高排放进行对比，从而得出结论说中国等发展中大国应承担与他们相同的减排责任。如果各国的排放权限能够明确界定，则各国的减排责任就可以明确界定，各国的权利和责任就一目了然，发达国家就不再有推诿责任和混淆是非的空间。

国务院发展研究中心课题组（2009a）发展了一个理论框架，将各国模糊不清的"共同但有区别的责任"明晰化，为人均原则分配各国排放权提供了一个理论依据，并提出了"国家排放账户法"的全球温

室气体减排解决方案。这一方案同目前在国内其他相关机构（如，中国社会科学院、中国科学院、国家气象局、清华大学等）提出的解决方案相互呼应，其基本思路已在国内形成共识，在国际上也得到了积极的反应。

根据国务院发展研究中心课题组（2009b）的初步测算，发达国家由于历史上排放过多，其账户余额目前存在大量赤字，而发展中国家目前则存在大量盈余。如果以 1751 年为测算起点，则 1751～1990 年全球累积碳排放量为 2199.08 亿吨。1990 年全球总人口 52.95 亿人。截至 2005 年全球人均累积排放量为 41.53 吨/人。以此作为"标尺"。同期美国累积排放 666.06 亿吨，1990 年人口为 2.56 亿人，人均累积排放为 260.08 吨/人。人均赤字为 218.55 吨/人；美国整体的排放权账户赤字为 -559.49 亿吨。1991 年全球人均排放为 1.16 吨/人，美国该年人均排放为 5.24 吨/人，人均超排 4.08 吨/人，人数为 2.59 亿人，美国排放权账户的赤字进一步增加了 10.56 亿吨。以此类推，一直累积到 2005 年，美国的排放权账户余额总赤字为 714.46 亿吨。

同期中国累积排放 114.28 亿吨，1990 年人口为 11.49 亿人，人均累积排放为 9.95 吨/人。人均账户盈余为 31.58 吨/人；中国整体的排放权账户盈余为 362.93 亿吨。1991 年中国人均排放 0.59 吨/人，比全球人均排放低 0.57 吨/人，人数为 11.63 亿人，中国排放权账户盈余进一步增加了 6.63 亿吨。以此类推，一直累积到 2005 年，中国的排放权账户余额总盈余为 439.9 亿吨。

在测算各国排放权时，从哪一年份开始作为历史起点，是一个可以讨论的问题。中国应在这一问题上持开放态度，既坚持原则，又保持充分的灵活性。只要西方发达国家提出的历史时点具有充分的正当性，则中国应可以接受。

在坚持历史排放责任的原则下，无论采取何种方案，一个基本结果不会改变。那就是，迄今为止，发达国家存在着大量的排放权赤字，而发展中国家存在着大量的排放权盈余。如果加上未来分配的新增排放额度，则发达国家的赤字会相应减少。但是，要满足其未来排放需求，发达国家仍然需要从发展中国家购买排放额度。中国这样的发展中国家，由于目前账户存在大量盈余，其排放额度可以满足今后相当长一段时期的排放需求。但是，即使按照人均排放权相等的原则来分配国际排放权，中国在减排问题上仍然面临着非常严峻的形势。按人均相等原则分配各国历史和未来的排放权，意味着中国历史累计的人均排放额度只能达到世界平均水平，不可能达到发达国家目前的高实际人均排放水平（当然，发达国家要为其高排放付出代价），从而也不可能走传统的常规（BAU）增长模式，必须走出一条低碳经济的发展模式。

2. 中国降低单位 GDP 排放强度目标的前景

中国的碳排放权应根据人均历史累计相等的原则进行分配，而实际碳排放量则是一个不同的概念。中国提出的在 2020 年将单位 GDP 碳排放强度降低 40%～45% 的目标，针对的只是实际排放量。这一目标的提出，并不妨碍中国在国际上争取应得的碳排放权。

中国要实现将单位 GDP 碳排放强度降低 40%～45% 的目标，具有非常大的挑战性。中国目前的排放水平高具有其客观性。第一，中国正处于高速经济增长阶段，这种高速经济增长必然会带来排放的高增长。第二，中国的能源结构决定中国降低排放强度的难度。2008 年，中国能源消费中，煤炭消耗占 68.7%，石油占 8.7%，天然气占 3.8，而水电、核电和风电等非化石能源只占 8.9%。要在短期内改变这种能源消费格局，难度相当大。第三，中国是制造业大国，其碳排放中有大约 20%～30% 是因为出口而排放。这种"世界工厂"的格局，也不能短期内可以改变。但是，在减排方面，中国也有自己独特的优势。

第一，在新能源的研发和生产上有后发优势。总体而言，中国与发达国家在新能源开发上差距不大，个别领域可能还具有一定的领先优势。只要促进低碳经济的新机制得以建立，则各种新的低碳技术就会不断涌现。这种促进新技术出现的新机制包括如下三点。一是要将碳排放成本变成一种硬约束，以使各市场主体有激励采用节能减排新技术。二是国家要有明确的关于低碳经济的长期目标和政策，让市场形成对低碳经济的稳定预期。这样市场主体才会进行低碳技术和设备的长期投资。三是市场机制要健全。如果发明者能够通过技术发明活动赚钱，则就会有动机去进行技术发明。

第二，政府对新能源高度重视，且有巨额投入政府投资和社会资本投资。中国政府对发展新能源高度重视，政府投入了大量资金。不仅如此，新能源领域也日益成为社会资本的一个投资热点。

第三，虽然中国的能源需求会持续增长，但今后的新增需求很大程度上可以被可再生新能源填补。一般预计，中国在未来 20 年左右仍然很有可能会继续保持相对高的经济增长速度，保持每 7~8 年经济规模翻番的态势。在此过程中，对能源的需求也会相应增长。一些人由此预测，中国未来的碳排放也会成倍增长。但是，这些新增能源需求，在相当程度上可以被未来快速发展的新能源来满足。因此，中国未来的实际排放，很可能会大大低于目前的很多预测。如果考虑到中国未来经济结构的变动，低能耗的服务业比重会大幅度上升，则前景可能会更为乐观。

第四，巨大的现实的市场需求。根据斯密定理，"市场大小决定分工"。中国庞大的国内市场需求，使得低碳技术在商业上运用变得相对容易，这就为低碳产业的快速发展提高了大的空间。这种市场优势，是世界上任何国家都无法比拟的。而且，如果各国未来在低碳技术方面设立共同的技术标准（比如中美能源合作计划），则这种共同技术标准会使各国不同的市场"无缝"拼接成更大的市场。

第五，中国经济处于高速增长阶段，满足新增能源需求不需要以淘汰旧能源供给设施为前提。在发达国家，由于经济已处于发达阶段，新增能源需求较为有限，如果要发展新的可再生能源，则必须通过减少传统能源来实现。这会大大提高新能源发展的成本和现实阻力。反观中国，由于新增需求非常快，新能源的发展并不需要以淘汰传统能源为前提，从而发展阻力大大降低。

第六，随着经济结构向以国内市场为主和服务业为主导的经济转型，单位 GDP 排放强度自然会降低。中国目前单位 GDP 排放强度高的原因主要有二：一是长期出口导向型经济形成的"世界工厂"，带来了高耗能和高排放的制造业比重偏高的格局。二是经济发展处于起飞阶段，制造业在 GDP 中的比重还未开始下降。按照发达国家的经验，制造业比重在经济发展过程中表现为倒 U 型变化趋势。如果中国经济转型为以国内市场为主的内外平衡的经济，加之服务业比重大大提升，则即使不采取任何节能减排措施，单位 GDP 排放强度也自然会下降。

第七，中国开发新能源具有较好的禀赋。中国国土广袤，蕴藏着丰富的太阳能、风能、地热能、潮汐能的潜力，核能的发展也非常具有潜力。比如，原先广袤的沙漠地区，将来可能成为发展新能源的宝地。这不仅可以解决中国未来发展新能源的问题，而且将为广大中西部开辟出一条新的低碳经济发展模式。

因此，中国目前发展低碳经济中既有阻力，又有其独特的优势。但是，目前节能减排的体制机制过于依赖行政力量，各市场主体缺乏节能减排的内在激励，妨碍了上述优势的发挥。如果能够建立起以市场为基础的多元化低碳经济发展的内在机制，并且将体制上的障碍加以清除，则低碳产业的快速发展将会成为中国经济发展的一个强大动力。如是，则中国经济有望走出一条迥于传统发展模式的新型发展道路，彻底实现发展方式的转换。因此，中国发展低碳经济的前景较为乐观。

3. 中国减排路线图的制定

中国的减排路线图应围绕三条主线来制定。一是采取减缓行动的路线图。中国目前已经采取了各种各样的减排措施，包括关闭小煤矿和高污染企业、植树造林、提高能源使用效率、大力发展可再生能源，等等。二是经济结构调整路线图。经济结构的调整对于降低单位 GDP 碳排放强度具有明显的效果。一般认为，在"十一五"期间，中国已将最容易做的减排工作完成，越往后直接减排的难度越大。这意味着，经济结构调整将是今后减排最具潜力的方向。三是大力发展新能源等新兴战略性产业，让其成为经济增长的新的驱动力。政府的大力支持和放开民间资本在这些领域的投资限制，则是能源产业发展的重要推手。这三条主线，会产生降低碳排放强度的效果，而碳排放强度降低又会对资源节约和环境保护产生效果。至于具体的时间进度和这三条主线产生的效果，则需要进一步地详细测定。

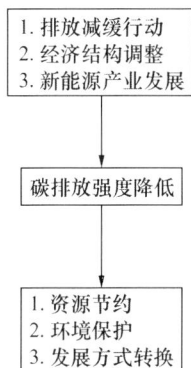

```
┌─────────────────┐
│ 1. 排放减缓行动  │
│ 2. 经济结构调整  │
│ 3. 新能源产业发展 │
└─────────────────┘
         │
         ▼
┌─────────────────┐
│   碳排放强度降低  │
└─────────────────┘
         │
         ▼
┌─────────────────┐
│ 1. 资源节约     │
│ 2. 环境保护     │
│ 3. 发展方式转换  │
└─────────────────┘
```

图 4.1

六、结论和主要政策含义

本文通过对低碳经济的概念进行严格定义和厘清，揭示了中国在发展低碳经济中要解决的各种问题和实现机制，以及中国政府提出的 2020 年将单位 GDP 碳排放强度降低 40% ~ 45% 这一目标的含义。以降低单位 GDP 碳排放强度为目标，不仅关系到资源节约，也关系到环境保护，同时还为中国未来的经济发展提供了空间，它应成为中国今后实行资源节约和环境保护的一个战略。

第一，建立起以碳排放权交易体系为主灵活的多元低碳经济实现机制。

第二，促进经济结构调整。根据三次产业的演进规律，高排放的制造业会呈现倒 U 型变化趋势。中国的高排放产业在 GDP 中的比重正面临着倒 U 型拐点到来的时段，经济结构调整对降低碳排放强度的效果将越来越突出。

第三，促进低碳产业的发展。低碳产业代表着未来产业的发展方向，中国进一步大力采取措施，促进可再生能源和低碳相关产业的发展。比如，可以考虑将碳排放权拍卖收入中的相当比例用于支持新能源产业的发展；还通过补贴、减税以及政府投资新能源产业需要的基础设施建设，等等。

第四，中国向世界承诺 2020 年大幅度降低单位 GDP 碳排放强度的同时，必须要：设置灵活的实现机制，允许依靠各种形式的国际合作来实现中国的减排目标；要从这种自愿性减排中获得利益补偿。只要这种自愿性减排充分反映到国家排放账户余额的变化上，则我们自愿性减排行动就可以增加我们未来可以出售给国际碳排放权市场的排放权额度，或者可以减少我们未来需要购买的额度。

执笔人：张永生

参考文献：

［1］ Garnaut，R. ，2008，The Garnaut Climate Change Review，Cambridge University Press.

［2］ IPCC（Intergovernmental Panel on Climate Change），2007a：Climate Change 2007：The physical science basis. Contribution of Working Group I to the fourth assessment report of the IPCC，S. Solomon，D. Qin，M. Manning，Z. Chen，M. Marquis，K. B. Averyt，M. Tignor & H. L. Miller（eds），Cambridge University Press，Cambridge and New York.

［3］ IPCC，2007b：Climate Change 2007：Mitigation of climate change. Contribution of Working Group III to the fourth assessment report of the IPCC，B. Metz，O. R. Davidson，P. R. Bosch，R. Dave & L. A. Meyer（eds），Cambridge University Press，Cambridge.

［4］ Stern，N. ，2007，The Economics of Climate Change：The Stern Review，Cambridge University Press，Cambridge.

［5］ 国务院发展研究中心课题组（2009a）. 全球温室气体减排：理论框架和解决方案. 经济研究（3）。